四特 教育系列丛书 SITEJIAOYUXILIECONGSHU

培养科学发现能力

《"四特"教育系列丛书》编委会 编著

吉林出版集团股份有限公司
全国百佳图书出版单位

图书在版编目 (CIP) 数据

培养科学发现能力 /《"四特"教育系列丛书》编委会编著 . —长春：吉林出版集团股份有限公司，2012.4

（"四特"教育系列丛书 / 庄文中等主编 . 爱学习，爱科学）

ISBN 978-7-5463-8680-5

Ⅰ. ①培… Ⅱ . ①四… Ⅲ . ①科学发现－青年读物②科学发现－少年读物 Ⅳ . ① G305-49

中国版本图书馆 CIP 数据核字（2012）第 044132 号

培养科学发现能力

PEIYANG KEXUE FAXIAN NENGLI

出 版 人	吴 强	
责任编辑	朱子玉 杨 帆	
开 本	690mm × 960mm 1/16	
字 数	250 千字	
印 张	13	
版 次	2012 年 4 月第 1 版	
印 次	2023 年 2 月第 3 次印刷	

出 版	吉林出版集团股份有限公司
发 行	吉林音像出版社有限责任公司
地 址	长春市南关区福祉大路 5788 号
电 话	0431-81629667
印 刷	三河市燕春印务有限公司

ISBN 978-7-5463-8680-5　　　　　定价：39.80 元

前　言

学校教育是个人一生中所受教育最重要组成部分，个人在学校里接受计划性的指导，系统地学习文化知识、社会规范、道德准则和价值观念。学校教育从某种意义上讲，决定着个人社会化的水平和性质，是个体社会化的重要基地。知识经济时代要求社会尊师重教，学校教育越来越受重视，在社会中起到举足轻重的作用。

"四特教育系列丛书"以"特定对象、特别对待、特殊方法、特例分析"为宗旨，立足学校教育与管理，理论结合实践，集多位教育界专家、学者及一线校长、教师的教育成果与经验于一体，围绕困扰学校、领导、教师、学生的教育难题，集思广益，多方借鉴，力求全面彻底解决。

本辑为"四特教育系列丛书"之《爱学习，爱科学》。

古今中外，许多成功人士都重视和强调学习方法的重要性。伟大的生物学家达尔文就曾说过："最有价值的知识是关于方法的知识。"著名的物理学家爱因斯坦的成功方程式则是"成功＝艰苦的劳动＋正确的方法＋少说空话"。这也是爱因斯坦对其一生治学和科学探索的总结。我们不难看出正确的方法在成功诸因素中具有多么重要的位置。联合国教科文组织教育发展委员会在《学会生存》一书中指出："未来的文盲不再是不识字的人，而是没有学会怎样学习的人。"也就是说，未来的文盲不是"知识盲"，而是"方法盲"。所以，在教学中对学生进行正确学习方法的教育至关重要。本书包括提高智力的方法、各种学习方法和各科学习方法等内容，具有很强的系统性、实用性、实践性和指导性。教师在教学中要注意因材施教，注意学生的个体差异，进而施以不同的方法教育，这样才能让学生掌握最适合自己的学习方法，从而终身享用。

科学是人类进步的第一推动力，而科学知识的普及则是实现这一推动的必由之路。在新的时代，社会的进步、科技的发展、人们生活水平的不断提高，为我们青少年的科普教育提供了新的契机。抓住这个契机，大力普及科学知识，传播科学精神，提高青少年的科学素质，是我们全社会的重要课题。科学教育，是提高青少年素质的重要因素，是现代教育的核心，这不仅能使青少年获得生活和未来所需的知识与技能，更重要的是能使青少年获得科学思想、科学精神、科学态度及科学方法的熏陶和培养。

本辑共20分册，具体内容如下：

1.《智能提高有办法》

智能提高可能性，与遗传基因和后天因素息息相关。遗传因素我们无法改变，能够改变的就是尽量利用后天因素。本书针对学生如何提高学习智能进行了系统而深入的分析和探讨，并给予了切实的指导，对中小学生颇有启发意义，具有很强的系统性、实用性、实践性和指导性。

2.《高效学习有办法》

高效学习法是一种寓教于乐的教育方式和高效学习训练系统。它从阅读、记忆、速算、书写这四个方面入手，提高学生的"速商"，让学生读得快、学得快、算得快、记得快,迅速提高学习成绩。本书针对学生如何提高学习效率进行了系统而深入的分析和探讨,并给予了切实的指导,对中小学生颇有启发意义,具有很强的系统性、实用性、实践性和指导性。

3.《提高记忆有办法》

人的大脑机能几乎都以记忆力为基础,只有记忆力好,学习、想象、创意、审美等能力才能顺利发展。那么如何才能记得更多、记得更牢,更有效地提高记忆力呢?本书针对学生如何提高记忆力进行了系统而深入的分析和探讨,并给予了切实的指导,对中小学生颇有启发意义,具有很强的系统性、实用性、实践性和指导性。

4.《阅读训练有办法》

本书以语境、语感训练为主要教学法,以日常生活中必读的各种文体、范文讲解及阅读材料的补充为内容,从快速阅读入手,帮助学生提高汉语阅读水平。学生在学习的过程中,根据实际情况选用适当的学习方法,定能收到事半功倍的效果。

5.《轻松作文有办法》

写作是汉语的重要组成部分,在汉语中有举足轻重的地位。人们抒发感情需要写作,总结经验教训需要写作,记叙事件需要写作……总之,学习、工作、生活都离不开写作。本书针对学生如何提高写作能力进行了系统而深入的分析和探讨,并给予了切实的指导,对中小学生颇有启发意义,具有很强的系统性、实用性、实践性和指导性。

6.《课堂学习有办法》

课堂听课是学生在校学习的基本形式,学生在校学习的大部分时间是在听课中度过的。听课之所以重要,是因为大部分知识都得通过教师的讲授来获取。要想学习好,首先必须学会听课。本书针对学生如何提高课堂学习能力进行了系统而深入的分析和探讨,并给予了切实的指导,对中小学生颇有启发意义,具有很强的系统性、实用性、实践性和指导性。

7.《自主学习有办法》

自主学习是与传统的接受学习相对应的一种现代化学习方式。以学生作为学习的主体,通过学生独立的分析、探索、实践、质疑、创造等方法来实现学习目标。本书针对学生如何提高自主学习能力进行了系统而深入的分析和探讨,并给予了切实的指导,对中小学生颇有启发意义,具有很强的系统性、实用性、实践性和指导性。

8.《应对考试有办法》

考试主要有两种目的:一是检测考试者对某方面知识或技能的掌握程度;二是检验考试者是否已经具备获得某种资格的基本能力。如何有效地准备考试,可分成考试前、考试中、考试后三个部分做说明。本书针对学生如何应对考试进行了系统而深入的分析和探讨,并给予了切实的指导,对中小学生颇有启发意义,具有很强的系统性、实用性、实践性和指导性。

9.《文科学习有办法》

综合文科的学习旨在帮助学生学会学习,学会分析研究人与自然、人与社会、人与自身关系中的现实问题,学会探讨解决问题的方法,帮助学生树立终身学习的观念。在这个过程中不断培养学生的实践能力、创新意识和创造力。本书针对学生如何提高文科学习能力进行了系统而深入的分析和探讨,并给予了切实的指导,对中小学生颇有启发意义,具有很强的系统性、实用性、实践性和指导性。

10.《理科学习有办法》

理科学习要形成良好的学习习惯和有效的学习方法。总的来说，科学的学习方法可用如下歌谣来概括："课前要预习，听课易入脑。温故才知新，歧义见分晓。自学新内容，要把重点找。问题列出来，听课有目标。听课要专心，努力排干扰。扼要做笔记，动脑多思考。课后须复习，回忆第一条。看书要深思，消化细咀嚼。"本书针对学生如何提高理科学习能力进行了系统而深入的分析和探讨，并给予了切实的指导，对中小学生颇有启发意义，具有很强的系统性、实用性、实践性和指导性。

11.《组织阅读科学故事》

在我们生活的各个角落，疑问几乎无处不在，而这些疑问往往能激发学生珍贵的求知欲，它能引领学生正确地认识和了解世界，并进一步地探知世界的奥秘，是早期教育最为关键的环节。为了让学生更好地把握时代的脉搏，我们特此编写了这本书。本书真正迎合了青少年的心理，内容涵盖广泛，情节生动鲜活，无形中破解了学生心中的疑团。

12.《培养科学幻想思维》

幻想思维是指与某种愿望相结合并且指向未来的一种想象，由于幻想在人们的创造活动中起着重要作用，在发明创造活动中应鼓励人们对事物进行各种各样的幻想。幻想思维可以使人们的思想开阔、思维奔放，它在创造中的作用是显而易见的。本书针对学校如何培养学生的幻想思维进行了系统而深入的分析和探讨，并给予了切实的指导，对中小学生颇有启发意义，具有很强的系统性、实用性、实践性和指导性。

13.《培养科学兴趣爱好》

怎样让学生对科学产生兴趣？这是很多教师都想得到的答案。想学好科学，兴趣很关键。其实，生活中的许多小细节都蕴含着丰富的科学知识，大家完全可以因地制宜，为学生创造一个良好的环境，尽量给学生提供不同的机会接触各种活动。本书针对学校如何培养学生的科学兴趣爱好进行了系统而深入的分析和探讨，并给予了切实的指导，对中小学生颇有启发意义，具有很强的系统性、实用性、实践性和指导性。

14.《培养学习发明创造》

发明创造是科学技术繁荣昌盛的标志和民族进取精神的体现。有学者预言，二十一世纪将是一个创造的世纪，而迎接这个创造世纪的主人，正是我们那些在校学习的学生。因此，对青少年进行发明创造教育，就显得极其重要了。心理学家研究表明，青少年的好奇心正是他们探索世界、改造世界、产生创造欲望的心理基础。通过开展青少年发明创造活动，鼓励青少年去发现新问题，提出新设想，实现新目标，是培养他们的创新精神，提高他们的创造力的最好途径。

15.《培养科学发现能力》

阿基米德在洗澡时发现了阿基米德定律；牛顿看到苹果落地，最终得出了牛顿第一运动定律。在科学史上，这样的事例还有很多，它证明科学并不神秘，真理并不遥远，只要我们能见微知著，善于发问，并不断探索，那么，当我们解答了若干个问题之后，就能发现真理。本书针对学校如何培养学生的科学发现能力进行了系统而深入的分析和探讨，并给予了切实的指导，对中小学生颇有启发意义，具有很强的系统性、实用性、实践性和指导性。

16.《组织实验制作发明》

科学并不神秘，更没有什么决定科学力量的"魔法石"，科学的本质在于好奇心和造福人类的理想驱使下的探索和创新。自然喜欢保守她的奥秘，往往不直接回应我们的追问，但只要善于思考、勤于动手、大胆假设、小心求证，每个人都能像科学大师一样——用永无止境的探索创新来开创人类的文明。本书针对学校如何组织学生实验制作发明进行了系统而深入的分析和探讨，并给予了切实的指导，对中小学生颇有启发意义，具有很强的系统性、实用性、实践性和指导性。

17.《组织参观科普场馆》

本书集中介绍了全国多家专题性科普场馆。这些场馆涉及天文、地质、地震、农业、生物、造船、汽车、交通、邮政、电信、风电、环保、公安、银行、纺织服饰、中医药等多个行业和学科领域。本书再现了科普场馆的基本概况、精彩展项、地理位置、开放时间、联系方式等信息，全面展示了科普场馆的风采，吸引读者走进科普场馆一探究竟。本书是一本科普读物，更是一本参观游览的实用指南。本书能让更多的读者走进科普场馆。

18.《组织探索科学奥秘》

作为智慧生物的人类，自诞生之日起就开始了漫长的探索进程，人类的发展史就是一部探索科学、利用科学史。镭的发现，为人类探索原子世界的奥秘打开了大门；万有引力的发现，使人们对天体的运动不再感到神秘；进化论的提出，让人类知道了自身的来历……探索让人类了解生命的起源秘密，探索让人类掌握战胜自然的能力，探索让人类不断进步，探索让人类完善自己。宇宙无垠、奥秘无穷，科学无终点，探索无穷期。

19.《组织体验科技生活》

科技总是在不断进步着，并且改变着我们的生活，让我们的生活变得更加多彩。学校科学技术普及的目的是使广大青年学生了解科学技术的发展，掌握必要的知识、技能，培养他们对科学技术的兴趣和爱好，增强他们的创新精神和实践能力，引导他们树立科学思想、科学态度，帮助他们逐步形成科学的世界观和方法论。本书针对学校如何组织学生体验科技生活进行了系统而深入的分析和探讨，并给予了切实的指导，对中小学生颇有启发意义，具有很强的系统性、实用性、实践性和指导性。

20.《组织科技教学创新》

现在大家提倡素质教育，科学素质是素质教育的重要组成部分，学生科学素质培养的核心是培养学生的创新精神和创新能力，创新能力的培养、开发应从幼儿开始，在长期的教学、训练过程中逐步形成和发展。小学科技教学，在培养学生创新精神和创新能力中，起着举足轻重的作用。帮助学生树立新的观念，主动地、富有兴趣地学习新的科学知识，去观察、探索、实验现实生活乃至自然界的问题，在课内外展开研究性的教学活动等，是行之有效的。但是，科技活动辅导任重而道远，这就要求科技课教师不断探索辅导方法，不断提高辅导水平，为全面推进素质教育，实施科教兴国战略奠定坚实的人才和知识基础。

由于时间、经验的关系，本书在编写等方面，必定存在不足和错误之处，衷心希望各界读者、一线教师及教育界人士批评指正。

编者

目　录

第一章

学生科学发现的指导

1. 科学发现的含义

科学活动中对未知事物或规律的揭示，主要包括事实的发现和理论的提出。科学发现是一切科学活动的直接目标，重要事实或理论的发现也是科学进步的主要标志。这两类发现又是互相联系、互相促进的。例如，19世纪末以来，电子、X射线、放射性等的发现促成了原子结构和原子核理论的建立，而后者又推动了各种基本粒子的发现，为粒子物理学的诞生做好了准备。重大的科学发现，特别是重大理论的提出，往往构成某一学科甚至整个科学的革命。科学理论的发现是创造思维的结果，它往往借助于直觉、想象力的作用，这就必然要涉及科学家的文化素养、心理结构甚至性格特征等复杂的个人因素，有时还往往具有很大的偶然性。但这并不意味科学发现毫无规律可循。科学史上有大量所谓"同时发现"的记载，说明任何发现归根结底都是在一定社会文化背景中的社会实践和科学自身需要的产物，特别是事实的发现往往直接受到社会生产水平和仪器装置制造技术的制约。因此，科学发现在科学发展的总进程中是必然的、合乎规律的。它具有自己的"逻辑"，有人还明确地称之为科学发现的逻辑。这种"逻辑"有别于单纯从事实归纳出理论或者从理论演绎出事实的形式逻辑。

2. 科学发现的引导

教师在教学设计的过程中如何处理好学生探究与课本内容的关系，让教科书和学生的思维有机结合起来，而不是将书藏起来让学生进行所谓"猜想"是一个非常强的教学技巧问题，值得每一位教师去认真探讨。

我们的教育目标不应该仅仅是教给学生一些表层的知识，而是应该让学生学到知识背后所隐藏的科学方法和价值观念，知识背后这些内具的方法、情感和价值观才是决定学生终生发展最重要的方面。

虽然教材呈现的知识，通常是科学家早已发现，已经形成定论的知识，但学生的学习也应当是一个用自己的头脑独立思考，亲自获得知识的探索过程。如果把学生的学习过程变成一个"再发现"或"重新发现"的过程，那么这样的学习一定能激发学生的学习兴趣，一定能使学生牢牢掌握所学的知识，一定能使学生"知其然"也"知其所以然"，并能"知其何以然"。教师在这一过程中扮演的角色，不是向学生奉送真理，而是指导学生自己去发现真理。

例如，教师在讲解"库仑定律"这节课时，应该明白学生对科学思想和方法的掌握，是在对规律的探究过程中实现的。学生不仅要清楚地了解教学的内容，在解决问题的过程中，还应经历科学家研究、探索的过程，真正领略到科学方法和物理知识的内涵，从而提高自身的能力。教师应该带领学生沿着科学家的足迹，再现当时的探索过程，深入讨论库仑定律中蕴含的科学思想和方法：卡文迪许如何用同心球实验，进一步检验库仑力与距离平方成反比的规律。在指导学生"重新发现"时，教师并没有完全形式化地依赖教材展开教学，而是对教材做了创造性的处理，从卡文迪许受到牛顿万有引力定律推论的启发开始，通过类比的方法，设计了同心球实验，验证库仑力和万有引力定律一样，都与距离的平方成反比。然后通过类比，引导学生猜想并分析，如果库仑力满足与距离平方成反比的关系，放在带电球壳内的金属球，是否会带电。再用验电器检查，发现内球不带电后，卡文迪

许没有满足于预期的成功，还进行了进一步的误差分析。

让学生在学习的过程中体会科学家实事求是、严谨认真的科学态度。这些紧紧围绕教学目标，循序渐进地进行的探索研究活动，丝丝入扣，强烈吸引学生和教师一起去探究、去发现，当最后得出结论时，学生心中洋溢的是发现者的自豪之感，而不是被动吸收知识的厌倦之感，使学生领悟科学家研究问题的艰辛和严谨的科学态度，这种设计打破了传统教学的局限，拓展了新的教学设计思路，体现了科学方法具有独特的教育功能。在"万有引力定律""原子的核式结构"等的教学中，都可以借鉴这种教学设计方法。

不论是教师的讲授还是实验，都应该努力创造一种有利于学生独立思考的情境，将学生始终置于探索者、发现者的位置。把科学方法教育蕴含在知识的认知过程中，按照学生的认知模式进行教学，使学生清楚地了解教学的过程，引导学生去经历这一过程，从而使学生真正领略到科学方法和物理知识的内涵，并提高自身的能力。另外，当创造和发现伴随着学生的学习过程时，学习将会充满乐趣，学生将会产生主动学习的强大动力。

3. 学生科学兴趣的培养

兴趣是最好的老师，学生对科学产生了兴趣，就会对科学入迷，从而使他在科学领域有所发现，未来更容易走上成功的道路。

由于对科学产生了浓厚的兴趣，学生探究学习科学知识，包括：观察；提出问题；通过浏览书籍和其他信息资源发现已经知道的结论，制订调查研究计划；根据实验得出的证据对已有的结论做出评价；用工具收集、分析、解释数据；提出问题，解释、预测及交流结果。

人是天生的发现者，自呱呱坠地起，就动用所有的感官去感受、了解周围的环境。当学生发现令他们迷惑不解或者感到有趣的事物时，好奇心就会被激发起来，接着他们会提出一些问题，并想方设法寻找问题的答案。所有的努力都是为了了解周围的世界，这就是发现过程中最基本的东西。

作为一名科学教师，如何真正激发起所有学生科学探究的兴趣，真正培养学生的发现能力呢？

给予学生多方面的支持

科学探究学习并不是专门给那些学有余力的学生准备的，而是要面对所有的学生。然而必须承认，学生之间的学习能力千差万别。如果只在一个层次上让所有学生参加没有差别的科学探究活动的话，学习能力比较差的学生就可能会逐渐因为脑力不支而打退堂鼓，而学习能力比较强的学生也未必能够对这些他已经熟悉了的活动感兴趣，所以也会选择退出。比较困难但又必须要解决的问题是如何让每个学生都感受到科学的乐趣。让每个学生都能够体会到科学探究学习活动所带来的乐趣，既不能让他们感到科学探究学习存在的困难，也不能让他们中的任何一个受到冷落。心理学研究表明，学生的意志情感比较脆弱，他们在自主学习的过程中，一旦遇到困难往往会产生畏惧心理，如果不及时疏导，时间长了学生就会丧失自主求知、不断进取的信心。

为此，教师在组织科学探究学习活动的时候应注意给予学生心理上的支持，创设良好的学习氛围，采取各种适当的方式，给学生以心

理上的安全感和精神上的鼓励，使学生的探究热情更加高涨。例如，鼓励学生选择自己感兴趣的问题进行探究,选择好朋友组成探究小组,分工合作，一起制定研究方案，共同寻找解决问题的办法。教师对有新意的研究方案应大力表扬，并给予一定的指导，而不是去打击学生的积极性。例如，教师在讲述"垃圾的故事"的时候，可把学生自由组成四个小组，让他们按自己的兴趣自由组合，分别研究"垃圾的来源""垃圾的分类""垃圾的处理"和"垃圾的再生"四个主题。因为是自己选择的主题，所以学生的积极性会比较高，在活动过程中，小组要分工明确，查找资料，实地调查，记录探究的过程，提出合理化建议，让每个学生都有动手的机会，使他们在做中学、在学中乐。这样的探究性学习才能调动学生参与科学探究的兴趣。

积极开发身边的资源

在科学探究学习活动中，学生在教师的引导下能够激发起学习科学的兴趣,但是如果教师没有足够的能力引导科学探究学习活动的话，那么就有可能会打击学生学习科学的热情，使他们兴趣顿失。所以有人提出，开展科学探究学习活动并不难，难的是能够将这一科学探究学习活动长期有效地进行下去。

让学生保持发现的兴趣

教师要善于引导学生去发现身边有价值的问题，做科学的有心人。我们的生活中不是缺少问题，而是缺少发现问题的眼睛。科学教材上所提供的问题是有限的，当我们学完了教材的一些内容之后，就要引导学生开展科学探究工作。每一学期让每一个学生至少选择一个探究主题进行探究，教师可以提供一些选题的范围，由学生自主选择。

　　对学生而言，题目若与日常生活有密切关系，必定会提高其参与的兴趣，如洗头水的试验及调查、食物的脂肪含量、冷藏食物知多少、电蕊寿命、面粉的拉力、头发的承重力、不同洗衣粉的清洁能力、厕纸的吸水能力等。其实以上题目大部分的内容既和日常生活有关，亦可进行科学探究，且过程和所需器材也不复杂。例如：电蕊寿命——学生可利用电动玩具来测试不同牌子电蕊的寿命；头发的承重力——学生可向家人或朋友搜集数根头发，然后绑上砝码或适当用已知重量的对象如硬币，测试过程中，增加重量直至头发被扯断为止，若可行的话，可尝试找出年龄或性别与头发承重力之间的关系。

　　教师要根据学生的思维发展特点，从学生感兴趣的问题中挑选一些探究性主题，引导学生探究。例如，校园植物的调查、学校绿化率、学校周边环境、废旧电池的回收等，这些都是很好的活动主题，而且也很适合学生的思维发展。学校应保证每周都有探究活动时间，让学生能够自主地选择自己感兴趣的主题，和伙伴一起探究发现，这样的探究性学习才能长期有效地坚持下去，科学探究活动才能进行到底。

　　总之，充分激发学生的学习兴趣，才能让学生有所发现。

　　相信每个教师都能坚持不懈地把学生科学探究活动开展下去，上好每一节科学课，将科学探究进行到底。激发学生的探究兴趣，努力提高学生的科学发现能力，让学生从中领悟到科学的含义及探究科学的方法；通过小组的合作学习，解决面向全体学生的问题，从而使每个学生都能在原有水平上得到发展和进步；让所有的学生掌握探究的思维方法，感受探究的乐趣，培养出具有创造能力的新一代人才。

4. 创造与创新能力的培养

创造是指人类运用自己的脑力与体力生产人们所需要的前所未有的物质产品与精神产品的活动。创造能力，是指一个人具有的运用一切已知信息产生某种新颖、独特、有社会或个人价值的产品。创造精神是指那种不安于现状、力图改进创新的积极心理状态。创造型的人才，就是那种具有创造精神和创造能力的人。

历史证明，一个国家要振兴，一个民族要自立，就要培养大批创造型的人才，创造型人才的培养，已成为当今世界的一种趋势。创造型人才的培养应该从小开始。青少年时期是创造思维和创造力发展的重要阶段，我们要敏锐地抓住学生创造思维的萌芽，鼓励他们积极投入创造发明的活动中。

积极引导，培养创造兴趣

学生富于幻想，心中有着形形色色的向往和追求，如果教师能对其积极引导，并加以潜移默化的影响，他们的创造力就会得到很好的发展。

积极引导是在尊重学生主观能动性的基础上提出来的。学生一般都有做个好学生的愿望，教师必须珍惜和保护这种愿望，激发学生的兴趣，促使学生积极主动地进行各种活动。

兴趣对科学创造具有启动功能，当一个人对某种事物产生兴趣时，他总是积极地、主动地、心情愉快地去接触和观察研究。兴趣又是发挥聪明才智的重要条件，兴趣越广泛，其聪明才智也就发挥得越充分。

教师必须重视对学生各种兴趣的培养。

珍惜、培养学生的好奇心

好奇心是对新异事物进行探究的一种心理倾向，是推动人们主动积极地观察世界，开展创造性思维的内部动力。开发创造力一定要有好奇心这个心理因素。为此，要注意培养学生的好奇心，激发学生的求知欲。

好奇心是学生探索活动的前导和创造力发展的起点，教师要珍惜和满足学生的好奇心，促使其好奇心逐步由不切实际到切合实际，由对事物外部的好奇发展到对事物内部的好奇，由对表面现象的好奇到对本质规律的好奇，不断提高其好奇心的水平。

积极训练，发展思维能力

国外心理学家对具有创造力的人的心理品质的研究表明：思维能力是创造力的最基本的心理品质，创造发明主要靠思维能力。

有创造力的人，其思维能力具有广阔性、深刻性、独立性和敏捷性。这也是衡量学生思维能力的标尺。发展学生的思维能力，就要进行思维训练，思维是通过训练得到提高和发展的。

学思结合是思维训练的主要规律。孔子的"学而不思则罔，思而不学则殆"，正是遵循了思维训练的规律。思维训练也是国外创造力培养中所提出的最基本、最重要的策略，尤其是美国和日本都对思维训练投入了大量的人力、物力，研制了各种思维训练的模式。

瑞士心理学家皮亚杰认为，人一生思维发展的速度是不平衡的，是先快后慢的。这一规律告诉我们早期智力开发是非常关键的，所以思维训练要提早，要特别重视幼儿到青少年这一阶段的思维训练，这样可收到事半功倍的效果。

鼓励学生敢于动手，促进创造力发展

翻开科学家的历史画卷，追溯他们成长的道路，我们会惊奇地发现，他们能在科学发明创造上获得成功，与他们从小就愿意动脑、动手有密切关系。瓦特从小喜欢各种机械，装了拆，拆了装，每天"动手"，后来终于发明了蒸汽机；莱特兄弟从小喜欢观察老鹰怎样飞行，自己动手制作风筝，后来终于发明了飞机。

从生理机制上来看，心理学家、生理学家的研究发现，动手能力的发展会极大地促进大脑的发育和智能的开发。从人类的进化来看，在漫长的岁月里，劳动创造了人，手的发展又改造了人的大脑。

通过各种有趣的游戏和活动，有意识地让学生有实践操作的机会，促进学生手脑并用能力的发展。现代科研材料说明，在人的大脑中，有一些特殊的富于创造性的区域，当双手做某些精细的、灵巧的动作时，就能使这些区域的活力激发出来；否则，这些区域将处于"沉睡"状态。所以，要经常设计一些让学生手脑并用的实际练习活动，加强操作练习，促进学生创造力的发展，促进学生身心的健康成长。

共同活动、共同评价，形成创造的氛围

活动是实现学生身心和谐发展的重要途径，要给予学生充分足够的活动，包括体育的、美术的、游戏的、故事的、有组织的或自由的活动，通过各种活动使学生的身心全面和谐地发展。教师要和学生一起活动，引导学生在活动中学习，在活动中思考，在活动中欢乐，促进学生创造力的发展。

教师要重视对学生的作品进行评价。这个评价包括教师的评价和学生的自我评价，将两者的评价相结合，激发学生的创造性思维，提高学生的创造力。教师对学生作品的评价以肯定为主。评价的作用在于尊重学生的创作意愿，进而启发诱导，使其有所提高，而不是扼杀

学生的创作意识。

科学研究表明，过多的评价，是抑制创造力品质的原因之一。教师的评价，如果恰到好处，会产生强化的效果；否则，会产生负强化的作用。教师可以采用延误评价的方法，使学生在自我评价中畅所欲言，达到共同评价的最佳效果。

表扬激励，维持创造的欲望

学生的勇敢、自信和勤奋是创造型个性应有的心理品质，这种心理品质的形成，多数情况下要靠教师适时适当的鼓励，帮助学生积累成功的体验，获得成功的喜悦。教师要了解学生积极的想法与独特的设想，了解学生的兴趣、爱好与进取心，及时地、真诚地给予鼓励。教师要在学生完成某项艰苦任务时给予适当的帮助，但是这种帮助是启发式的，不要让学生有信赖心理。

教师要善于倾听学生的心声，允许学生提出自己的意见，如果学生的意见中有正确的部分，应该及时肯定并接受、采纳。这样就会逐渐形成民主的气氛。民主气氛是教师进行创造性教育的必备条件。

总之，未来需要学生去创造，学生需要教师去培养，教师要立足现在、面向未来，把学生培养成为具有创造志向和创造能力的新一代人才。

5．让学生在科学课中自主发现

科学课是新课程改革中出现的一门新兴的学科，它是在自然的基础上，更全面、更科学地培养学生发现问题、解决问题、探究科学真谛的一门学科。科学的本质就是从提出问题到解决问题，因此科学课重要的不是传授知识，而是让学生学会自己去获得知识，让学生发现问题并亲自探究。如何让学生发现问题，并亲身经历探索过程呢？

发现问题、提出问题

有问题，才有思考；有思考，才有探究；有探究，才有发现；有发现，才会进步。人类认识科学和掌握科学，决定了"科学"这门学科的教学必须从问题入手。例如，教学"食盐哪里去了"一课，教师在课前做了充分准备后，举起一装有水的水杯问：

①杯里装的是什么？（学生：水。）

②把食盐放在水中并轻轻摇晃会有什么现象发生？（学生：会沉到杯底、会化了的、会不见了的……）

③让学生分级实验，并要求学生仔细观察。

④学生汇报：食盐不见了。

⑤对于这一现象你有什么疑惑吗？（学生：食盐哪里去了？）

问题产生了，学生自己提出了他们想要研究的问题，教师就因势利导，让学生进入下一环节的研究。这一环节很重要，教师要呵护学生与生俱来的好奇心，培养他们对科学的兴趣和求知欲，引领他们学习周围世界有关的科学知识。教师设计的情境就是起到"引领"学生进入探究活动的作用，使学生对这一问题产生浓厚的兴趣和强烈的求知欲望。

"兴趣是最好的老师"，教师只有善于激发学生对所学知识的兴趣，才能使学生在学习中发现问题、探究问题。例如，学习"热空气"一课，教师出示一个自制的热气球，当点燃中间的酒精棉后，热气球飞了起来。看到这种现象后，学生的兴趣顿时高涨，议论纷纷。此时，教师不失时机地提问："你们想到了什么问题？"问题一提出，活跃了学

生的思维："热气球为什么会飞？""是什么力量让它飞起来的？""它能飞多高？""怎样才能让它飞的时间更长一点"……通过观察、讨论，唤起了学生探索的欲望，激发了学生质疑的兴趣，使学生带着问题进行探索未知的活动。

观察是学生了解世界、认识世界，积累感性认识的重要途径。因此，科学教学要引导学生学会观察，并在观察中去发现。例如，在教学"播种发芽"一课时，课前教师可以给每组学生分发浸泡过的花生、蚕豆、绿豆、玉米种子。从学生的脸上可以看出他们对这些种子没有多大的兴趣，因为这都是他们常见的。课堂上教师要指导学生解剖并观察蚕豆种子。让他们小心地剥开种皮、掰开子叶，然后拿起放大镜仔细观察，看能发现什么。渐渐地学生的脸上露出了惊喜之色。"蚕豆里有两片好嫩的幼芽啊！""原来种子是有生命的！""蚕豆苗是它长成的吗？"面对这些常见的种子，学生有了新的发现，提出了问题，对学习有了积极的态度。

实验对培养学生获得认识事物的本领大有作用，也是学生有所发现、有所创造的起点。例如，在教学"磁铁的性质"一课时，学生在教师的指导下做实验：把条形磁铁放在支架上让它自由旋转，等它停下来，观察磁铁两端指着哪个方向。反复做几次，学生就会发现磁铁总是一端指南，一端指北。然后教师可以让学生用磁铁沿同一个方向把小钢针摩擦几次，做成小磁针，并把磁针穿在一小块泡沫上，把它放在盛水的水槽里，看能发现什么。这时学生就会发现小磁针也是一端指南，一端指北。这样学生自然会得出结论："不仅是做实验用的条形磁铁和小磁针能指南、北方向，而是所有的磁铁都可以指示方向。"这是多么可贵的概括啊！我们不就是要让学生发现这个规律吗？

讨论是思想的沟通，是语言的交流，也是思维的撞击，讨论使学生互相启发，发现新的问题，从而获得新的收获。例如，在教学"电铃响叮当"一课时。学生做完电磁铁后，只了解到自己制的电磁铁通电有磁性，断电磁性消失。对吸起的大头钉为什么有多有少，与哪些因素有关？各组学生分析和讨论后，他们会发现："线圈匝数不同，吸起大头钉的数量就不同。""串联电池数量不同，吸起大头钉的数量也不同。""电磁铁用来吸大头钉的位置不同，吸起大头钉的数量也不同。"……新的发现又激发了学生继续研究的兴趣和积极性，他们又兴趣盎然地投入设计实验寻找答案的探究之中。最后终于发现：线圈匝数和串联电池越多，吸起的大头钉越多，也就是电磁铁的磁力大；同一个电磁铁两端吸起的大头钉多，就说明两端磁性强；等等。这些都是学生进一步发现探究的收获。

大胆猜想、提出假设

猜想就是大胆的判断。我们知道，无数的发明都来源于科学家大胆的猜想。教师应当鼓励学生围绕问题，根据以往的经验，说出自己的估计。猜想的过程，主要是让学生调动已有的经验，在观测前对事物的变化趋势进行预测。在这个过程中，教师不要干预学生的假设，应当让他们充分发表自己的意见，这样他们才会在实验的过程中，有一种更加求实的精神，并渴望通过实验寻求答案。例如，在进行"导体与绝缘体"的教学时，教师首先提出问题：我们周围的物体哪些是导体，哪些是绝缘体？并鼓励学生根据日常生活经验，说出自己的猜想，诸如："塑料是绝缘体""金属笔壳是导体""水是导体"等。不是马上下结论，而是提示学生通过实验来了解最终的答案。

设计实验、进行验证

现代教育理论主张"让学生动手去做科学，而不是用耳朵去听科学。""学习任何知识的最佳途径是自己去发现，因为这种发现，理解最深，也最容易掌握其中的内在规律、性质和联系。"因而应该让学生通过亲自动手做实验，对实验的结果进行观察比较，以此来检查自己的猜想是否正确。这样，在验证的过程中培养学生的观察能力、动手能力和比较能力。

在实验过程中，要让学生比较细致地观察到实验的每一个步骤、实验的每一次变化现象等，使学生的观察能力得到很好的锻炼。例如，在进行"检测区分所给 15 种物体是导体还是绝缘体"的实验时，可以这样训练学生的动手能力：

①提出问题：我们周围的物体中，哪些是导体，哪些是绝缘体？

②大胆猜想：让学生猜测准备检测的 15 种物体是导体还是绝缘体。

③动手操作：教师先组织学生讨论，做这个实验需要哪些材料？怎样做实验？小组内应该怎样分工合作？通过讨论让学生明白应该按怎样的顺序实验，在实验中要注意什么，自己的职责是什么，然后各组再进行实验。通过问题激发学生的兴趣，通过讨论确定实验的方案和分工，通过动手操作得出实验结果，对培养学生的动手能力很有帮助。

在教学活动中，要留给学生足够的实践活动空间，通过问题激发学生的兴趣，通过动手操作得出实验结果，通过比较寻求异同，使学生在动手中学习，在比较中掌握规律，在动手的过程中探究和创新。例如，在教学"比较油菜与豌豆的花、果实和种子"一课时，学生通过实际观察，进行比较，归纳出油菜与豌豆无论是花、果实、种子都有许多相同之处，又有许多不同之处。这样经过观察比较，学生的比较能力增强了，归纳能力也得到了锻炼。

总结分析、得出结论

教师必须教会学生重视数据的收集和积累，学会写好实验结论。结论是通过实验验证后得到的最终结果，它是印证学生猜想的根本依据。因此，教师要指导学生将实验结果写在记录本上，以此来培养学生勤写结论的习惯。

随着课程改革的进一步深入，教师应该有意识地培养学生发现问题的能力，发展他们的思维，培养他们的好奇心、探究欲及各种能力，积极指导他们开展探究为主的学习活动，学会探究解决问题的策略。

6. 激发学生探究科学兴趣的方法

创设问题情景，激发探究兴趣

问题是引发学习的根本，没有问题，也就难以诱发和激起探究的欲望。因此，教师的职责就是把教学内容转换成具有潜在意义的问题情境，在学生思维的最近发展区，提出问题，引起矛盾冲突，使学生原有的认知结构与新知内容之间产生一种不协调，激发学生探究的欲望，从而把学生引入"问题—探究—发现—解决"的学习过程中。

（1）制造悬念，激发问题意识

动力是内驱力，探究需要一种内在的激励力量。如果学生对自己从事的探究活动具有强烈的欲望和追求，这种内驱力就会把探究欲望充分地调动起来，从而持久地维持下去，投入探究活动中。在教学中，教师要注意利用学生对新鲜事物倍感好奇的心理特点，通过矛盾或悬念情境的创设等方法，向学生展示科学的奥秘，让学生置身于探究问

题的情景当中，激起探究兴趣，形成探究的动机，从而在探究大自然奥秘的过程中闪耀创造性思维的火花。

例如，在进行"淀粉的踪迹"一课的教学时，在学习知识前，教师可增加这样一个环节：

教师：出示一张"白纸"（课前在一张白纸上用米饭的汤写下"淀粉的踪迹"五个字，并晾干）。

教师：这是什么？

学生：这是一张白纸。

教师：白纸上有其他东西吗？

学生：没有。

教师：再仔细看看？（请一学生上前观察）

学生：没有。

教师：老师能在白纸上变出几个字来，你们相信吗？

学生：不相信。

教师：用药棉往白纸上一擦（药棉中有碘酒），出现了"淀粉的踪迹"五个字。

这是怎么回事？他们很想知道这是为什么，学生的兴趣被充分激发起来了，从而为淀粉踪迹的探究做了铺垫。

又如，在进行"美丽的彩虹"一课的教学时，步入教室前，教师可以在学生不知晓的前提下，增加这样一个环节：在窗户外面用三棱镜把太阳光反射到教室的墙壁上，墙壁上出现了光彩夺目的七色光。在学生的惊讶声中，教师走进教室，并提问："想知道刚才的情景是怎么回事吗？"学生一定会从内心发出一致的心声："想！"情景的创设，可以使学生产生极大的兴趣，从而引发学生对太阳光奥妙的探究欲望。

（2）问题难度，贴近生活经验

教师提出问题前，要充分考虑学生的年龄特点和现有的生活经验。让学生通过自己或小组成员间的合作探究，得出结论，使学生尝到科学带来的喜悦，唤起学生学科学的热情。例如，教学"一杯水里能溶解多少食盐"一课时，教师问学生："在往杯里加食盐时，每勺盐不一样多怎么办？学生说："用天平称、用肉眼观察……"。教师又提问："有没有什么简单的办法？"学生左思右想。其中所蕴含的问题，依靠学生已有的经验不能立即解决，但问题中表露出的矛盾能引起学生的认知冲突，这就吸引学生非解决不可的意愿。这时教师出示一把尺，用尺把勺上的盐刮平，告诉学生，这是一平勺盐，我们加盐时为了使每次保持相等的量，可以采用这种简单科学的办法。这种"一平勺盐"的方法非常生活化，而且操作简单，适合学生的生活经验。

提供典型材料，亲历探究过程

在以往的教学中，往往会出现教师对学生干预、指导过多的现象。教师往往在课前准备很多活动材料，武断地给学生分配探究的任务，让学生按照教师的要求去探究并验证假设，这种方式剥夺了学生所希望的自主探究的权利。

著名自然教育专家刘默耕提出："自然课就是教孩子们"搞科学"的。"这个"搞"字既包括读书，接受前人的科学成果，更重要的是让孩子们在摆弄材料的过程中验证假设，探究出科学的规律。用科学大师爱因斯坦的话说，"科学"是"探究意义的经历"。教师要提供典型的探究材料，让学生亲历探究过程，通过观察和实验，探究科学规律，发现科学问题。

（1）精心设计探究材料，诱发探究欲望

新课标科学课与以往不同，它没有明确的答案，而是让学生利用材料，通过实验自行探究进而获取知识的。例如，在教学"了解空气"时，教师在课前为学生准备众多的材料：气球、塑料袋、缝衣针、纸、杯子、塑料棒、针筒、水槽、石头等。课堂上引导学生利用材料感受空气的存在。学生把塑料袋在空中舞动，袋子装满空气时体会到空气就在我们身边；用缝衣针在塑料袋上扎一个小孔，让空气吹在脸上，听听气流发出的声音，体会到空气的存在；将揉皱的纸，塞入玻璃杯的底部，并把玻璃杯倒过来，直立着按入水中，结果出乎意料，纸没有被水浸湿，通过分析，发现纸没有浸湿是由于空气占据了一定的空间……利用探究材料，学生亲历探究过程，得出了以下结论：空气就在我们身边；空气会占据一定空间；空气可以被压缩；空气有重量；空气既没有一定的体积，也没有一定的形状；等等。

（2）选择兴趣材料，引发好奇心

古今中外的教育实践证明，兴趣能开发人的潜力，激发人的灵感，有兴趣的教学才是成功的教学。例如，教学"马铃薯在水中是沉还是浮"一课，教师在课前准备两大两小四个马铃薯、两杯清水和两杯盐水（可以使马铃薯浮起来）。在导入时，教师让学生猜测，如果把四个马铃薯分别放入杯子中，会出现什么现象。学生提出了自己的猜测：四个马铃薯都会沉下去；大个马铃薯会沉下去，小个马铃薯会浮起来。演示的结果是：一大一小两个马铃薯下沉，另外两个马铃薯上浮。学生观察后，心中产生疑问，同时也产生了"好奇"，这是怎么回事？教师又问："你能解释马铃薯的沉浮现象吗？"学生又进行了猜测：马铃薯的沉浮可能与杯子里的水有关。教师接着安排分组实验，学生以小组合作的形式，开展实验探究。学生带着问题，用自己喜欢的材料去探究，真正学到了物体浮沉的原因。

（3）选择生活材料，开展个性化学习

科学内容面向生活、贴近生活，许多学习材料都可以从生活中获取，学生通过个性化学习，可以获得相应的知识。例如，讲"一天的食物"时，教师要求学生课前记录自己一天的食物，准备生活中喜欢吃的食物、蔬菜和水果。通过对食物的想象和观察，引导学生充分感知各种食物的特征，指导学生给自己喜欢的食物进行分类，并说明分类的理由。又如，教学"选择健康食品"时，教师利用课件展示学生较为熟悉的食品，如方便面、腊肉、香肠、罐头、猪肉（检疫与无检疫）、霉变的粮食、薯条、腌制的咸菜、颜色鲜艳的糖葫芦等，引导学生开展讨论、分析：哪些不能吃或尽量少吃，为什么？在知道健康食品的概念后，对如何选择健康食品，教师又利用学生喜欢的牛奶、海苔、牛肉干等作为学习材料（其中包含生产日期和保质期不同、过期食品、绿色食品标志的食品），让学生进行个性化选择。在活动中，学生的思维得到了发挥，活动空间也得到了拓展。通过学习，学生对绿色食品的概念和如何选择健康食品也有了一个正确的认识，同时也提高了生活中的购物能力。

提供充足时间，延伸教学空间

以前，教师都认为："创设情境→提出问题→探究问题→得出结论"是最佳的教学方法，一定要让有问题的学生达到"无疑"才能结束，自己的任务才算完成。新的课程标准指出："教师不要把上下课铃当作教学的起点和终点，小学生探究科学的活动往往不是一节课所能完成的。"因此，科学教育不能"以问题开始，以答案结束"，而要"以问题开始，以问题结束"。标准还指出："科学课程的开放性，表现在时间、空间、过程、内容、资源、结论等多方面。"也就是说，科学课不受课时的束缚，教师要鼓励学生进行课外学习活动；科学课不受课堂的束缚，教师要带领学生走向校园、家庭、社会和大自然。在课堂教学中要让学生通过问题来学习，再通过学习来产生问题，这样的教学就能使学生打破时空的限制，以便开展课后的后续性研究活动。

例如，教学"蔷薇花丛"一课，为了让学生直观了解生活在蔷薇花丛里的生物，观察蔷薇花丛里动物的食性，教师把课堂搬到了学校花坛。学生在"课堂"上，利用放大镜、小铲子等工具，以小组合作的形式，结合书中要求的观察内容——蔷薇花丛附近是否有其他植物？嫩枝上有小虫吗？它们在吃什么？盛开的花朵吸引了什么动物？它们是来干什么的？蔷薇的叶上、根旁、花丛下的土壤里有没有小动物？在花丛里一共观察到多少种动物？哪些动物栖息在这里？哪些是来往的过客？它们是靠吃什么为生的？等一系列问题开展观察和记录活动。虽然学生在"课堂"上表现出了极大的兴趣，但对于探究中的众多问题是并不是一节课就能完成的，因此教师要求各小组把课堂中没有完成的任务在课后继续观察，把新的发现及时进行记录。带着未尽的观察兴致，学生又进入了课后的自发性探究中，知识得到了进一步的巩固和拓展。

又如，"建立栖息地"的教学，是在"动物的栖息地"学习的基础上进行的。教师要求学生在给鱼和蚯蚓建立栖息地并对它们的生活环境进行观察的基础上，对自己熟悉的动物（如鸡、鸭、羊、狗、牛）在动物怎样运动，吃什么，怎样吃？动物活动什么时候活跃，什么时候不活跃？动物受到惊吓往哪里躲？动物对天气变化有反应吗？动物之间怎样互相接触？等方面进行观察。由于多数学生对动物比较感兴趣，所以他们把这个问题作为了课后探究的对象，并积极投入这一活动中去。通过自主探究、观察和记录，学生不仅在课后的探究中将知识进行了补充，同时也培养了自身严谨的科学态度。

积极评价探究，培养探究志向

教师要让学生经历知识的发现过程，培养他们发现知识和创造知识的意识和能力。因此，只要学生真正参与了科学探究活动，经历了一个充满乐趣的过程，在这一过程中激发了求知的欲望，即使探究没有得到预期的结果，即使他们得到的结论是错误的，但失败的教训同样是一种收获。在探究活动中，教师要用一种全新的、赏识的眼光来积极评价学生的探究活动，要让学生充分体验到喜悦，要把他们遭遇的挫折和失败转化成再探索、再学习的动力。

例如，"种子发芽实验"一课的教学，根据"只改变其中的一个条件：光照、温度和水"，小组制订实验计划，学生根据实验要求开展活动，进行实验观察和数据的记录工作（放学后带回家）。一星期后，教师利用一节课的时间组织学生进行了实验情况反馈。多数学生得到的结果与课前对实验结果的猜测相同，即：浇适量水的绿豆比浇少量水的绿豆发芽快；温度高的比温度低的发芽快；受到光照的比放置在黑暗中的发芽快。但有两个学生得到的结果跟课前对实验结果的猜测不同，他们得到的结果分别是：浇少量水的绿豆与浇适量水的绿豆发芽一样快；放在黑暗环境下的绿豆比放在光照下的发芽快，大家对他们的实验结果提出了质疑。虽然两个学生的实验结果不符合种子发芽的规律，但教师没有否定学生的实验成果，相反还表扬了他们实事求是的科学态度。教师利用这一有利时机，及时请这两个学生进行实验汇报，师生在倾听中分析原因，最终找出了原因所在。

（1）"浇少量水的绿豆与浇适量水的绿豆发芽一样快"的原因

该生事先没有告知父母实验的意图，父母对两组绿豆浇了同样数量的水。

（2）"放在黑暗环境下的绿豆比放在受到光照下中发芽快"的

原因

该生实验时所使用的土壤是用沙子代替的，控制的"黑暗"环境是指客厅内太阳光没有直射的环境，并非真正的黑暗环境；而光照的环境是在强光下的环境，那几天气温很高，水分很快就干了，虽然她每天都在浇适量的水，但绿豆最后还是被强烈太阳光产生的高温烫死了。

由于学生年龄小且生活经验不足，在实际操作中往往会出现操作不规范或与自己的设计要求脱钩，甚至出现错误的现象。作为教师不要急于纠正他们的做法，不要进行批评或责备，而要正确引导，给他们提供分析问题的机会。教师要教育学生，科学探究来不得半点儿虚伪，根据实验设计，方法得当，操作规范，才有可能少走弯路，取得实验的成功。要告诫学生一个信念，科学是要经过不断探索、不断实践得到的，要坚信自己，失败同样是获得锻炼和发展的契机。

综上所述，随着课程改革的不断深化，以教师为主导、学生为主体的课堂教学模式成了当前教学的主流，科学教师要准确把握以探究为核心的教学理念，引导学生面向生活，走进科学，开展探究，从而发现更多的科学知识。

7. 使学生成为科学发现者的方法

苏联著名的教育家苏霍姆林斯基曾意味深长地说："在人的心灵深处，都有一种根深蒂固的需要，那就是希望自己是一个发现者、研究者和探索者。而在儿童的精神世界中，这种需要则特别强烈。只有在探索活动中不断地扶植、巩固和实现学生想要成为发现者的愿望，才能最终带给学生以欢乐。"换句话说，就是要想让学生体验到探究的快乐，那就必须让学生实现成为一个发现者的愿望。何为"一个发现者"呢？"一个发现者"，不仅要是新现象、新问题、新方法、新规律的发现者，而且要是一个敢于尝试，勇于挑战失败，乐于思考的发现者。因此，教师在引导学生进行科学探究的过程中，应始终把"让每一个学生都成为一个快乐的发现者"作为探究教学的核心。

让学生成为新现象的发现者

要想让学生成为一个快乐的探究者，就必须引导学生从学会观察开始，通过自己的观察去发现新现象。不同的学生，由于观察的角度不同，所以发现的现象也各不相同，因而每一个学生只要通过自己的认真观察，都能满足自己成为发现者的愿望。例如，"把物体放入水中"一课，在教学一开始，教师用事先准备好的三个鸡蛋（其中有一个是空的）分别放入三杯水中（其中有一杯是盐水），让学生观察会发生什么现象。学生惊奇发现，"同样的鸡蛋"放入"同样的水"中却出现了三种不同的现象。这一下子点燃了学生参与探究的欲望，可是当学生自己把鸡蛋放入三杯水中后，却怎么也出现不了三种不同的现象，于是不得不思考"水"的问题、"鸡蛋"的问题，最终发现了教师实验中的秘密。在这一探究过程中，学生不仅发现了鸡蛋的沉浮现象，还发现了很多新奇的现象，请看下面的一个片断。

学生：我把鸡蛋放入水中后，还发现鸡蛋变大了。

教师：你是怎么看的？

学生：我是从旁边看的。

教师：如果换个角度看看，又会怎样？

学生：从上面看，鸡蛋在杯子中的位置变浅了，可大小不变。

学生：如果从杯口斜着看，我发现水中的鸡蛋变成两个了。

学生：我还发现水中的鸡蛋"生气"了，在它的周围有许多小气泡。

……

把鸡蛋放入水中，本是一个生活中最常见、最普通的事，可是由于创设了一个特定的探究、观察的情境，从而使得学生在观察中发现了许多自己平时不曾注意过的新现象，充分体验到了成为一个发现者的快乐。同时，也使学生感悟到，只要平时留心观察生活，那么随时都会有意想不到的发现和意想不到的快乐。

让学生成为新问题的发现者

问题是所有科学探究的起点，一个不会发现问题的人，是无法真正参与到探究活动之中的。爱因斯坦也说过："提出一个问题比解决一个问题更重要。"因此，要想让学生成为一个真正的探究者，就必须千方百计地让学生成为问题的发现者。例如，教学"光的颜色"一课时，学生会提出以下问题：黑色的物体不发光，我们为什么还能看见它？光的三原色从哪儿而来，如果没有光的三原色会怎样？光为什么有热量？再如"凸透镜"的教学，学生提出：凸透镜为什么能聚光，凹透镜会吗？两面凸透镜能使物体成正像吗？从这些问题提出中，我们可以想象，学生的思想在涌动、在翻腾，创造性的思维火花在闪烁、在飞扬，当这些问题被教师肯定、赞赏时，他们便充分体验到了成为发现者的快乐。

让学生成为新方法的发现者

科学探究需要科学的方法，但科学的方法也需要在探究中去发现，如果我们在引导学生探究的过程中，能让学生通过自主的探究，主动地去发现一些适合自己的方法，那么势必有利于学生创新思维的发展，同时也使学生以发现者的角色去享受发现的快乐。例如，在教学"鱼"一课时，学生在探究"鱼为什么要不停地喝水？"这一问题时，除了在鱼嘴前的水中滴墨水的方法,还想出了把鱼头朝下放入水中的方法,甚至还想出了把鱼从水中取出,直接把墨水滴入鱼嘴的方法,这样一来,鱼喝"水"后,水会从哪儿流出便一目了然了。观察效果十分明显,当学生清楚地看到墨水从鱼鳃中流出时,那种兴奋、雀跃、欢愉的心情,是别人无法用言语所能描述的。

下面是教学"大气压力与人类生活"的一个片断,从中可以发现,只有让学生真正地参与探究,才能使学生成为一个真正的发现者。

(每小组的桌上有一只装满纯净水的饮料瓶,瓶口的橡胶塞上穿了一根长玻璃管)

教师:你们的面前有一瓶纯净水,想喝吗?

学生:想。

教师:不过有个条件,不许拔掉塞子,只能通过玻璃管喝,喝的时候可要小心哟!

(学生分组喝水)

教师:水喝到了吗?

学生:喝到了。

教师:你们是怎么喝到水的,用了什么方法?

学生:刚开始,怎么使劲也喝不到(水),后来,我发现用手一捏,水就自动从管子里喷出来了。

学生:我们组发现水不易被吸上来的原因,是瓶口处有塞子把空气挡住了,要是把塞子拔掉就行了。可是老师又不允许拔,于是我们就用小刀在瓶脖上开了一个口子,这样才喝到水。

学生:这样不把瓶子弄坏了吗?

学生:可老师没说不许弄坏瓶子呀!

学生:我们组是先向瓶内吹气后,再吸,这样也能喝到水。

（他边说边示范，看到他憋气的样子，同学们都大笑起来。当他松开嘴后，水一下子从管口喷出来，喷得他满脸是水。同学们都兴奋地鼓起掌来。）

在这一探究活动中，教师创设了特定的问题隋境，激发了学生的探究思维，促使学生千方百计地去思考、去寻找解决问题的方法。因而这些富有创造性的方法便从学生的心灵深处喷涌而出了。那课堂上欢快的笑声不也正是学生充分体验到发现快乐的最好说明吗？

让学生成为敢于尝试的发现者

无数的事实证明，没有大胆的尝试，也就没有惊人的发现。只有敢于大胆尝试的人，才有可能成为一个真正的发现者。没有第一个敢于吃螃蟹的人，人们又怎能享受到蟹的美味呢？因此，我们在引导学生参与科学探究活动时，应多鼓励学生敢于去试一试，而不是人云亦云，没有自己的主见。

"制氧和二氧化碳"一课，用双氧水和胡萝卜制取氧气是一种简单方便、效果显著的实验方法。教学中，当学生把带火星的木棒放入制氧的烧瓶，看到微弱的火星又重新剧烈地燃烧，发出耀眼的火花时，都惊奇地瞪大了眼睛，兴奋得鼓起掌来。

正当教师想趁热打铁引导学生归纳氧气的特性时，一个学生突然冒出一句："老师，如果不用胡萝卜，用别的东西行吗？"

"这个老师没想到也没试过，课后你去试一试好吗？"教师如实说。

课后，这个学生要了一些双氧水。过了一节课后，他兴奋地跑来说，"老师，我在双氧水里鼓了满满一下气，把您的火柴借给我验证一下好吗？"当教师看到他把微弱的火星放入瓶子里同样燃烧并发出耀眼的火光时，教师一下子惊呆了："这怎么可能？！"这个学生却兴奋得蹦跳起来。教师想，既然粉笔灰都能与双氧水产生氧气，那么说不定还有很多物体能与双氧水反应产生氧。于是,教师便激励他回家后再实验,看看还有什么新发现。

第二天,这个学生一见到教师便迫不急待地说,"老师,我发现有很多东西都能与双氧水反应产生氧气呢!我先用白菜梗、黄瓜、土豆、西红柿等蔬菜做实验,都能产生氧气,后来我又用土壤、砂子做,发现产生的氧气更多更快,能与双氧水产生大量的氧气,而且还会发热,热得瓶子都烫手了……"听着他这些说不完的新发现,看着他那因实验成功而充满欢乐的笑脸,教师不由得感到自责;是啊!实验的方法并不是唯一的,教学时,我为什么就不能突破教材所设的框架,多想一想别的方法,而要受教材的约束去束缚学生的思维呢?为什么就不能充分地发散学生的思维,让学生自己去寻找、去探究、去发现新的方法、新的现象呢?如果我们在平时的教学中,能多给学生一些时间,多让学生去想一想,多让学生去试一试,那么诸如此类的新方法、新发现,定会层出不穷,学生的创造性思维也一定会得到充分的挖掘和发挥。

让学生成为勇于战胜失败的发现者

人常说:"失败是成功之母",没有哪一项的发现和发明不是经历过无数次失败而获得成功的。因此,在科学探究教学中,让学生去亲身体验一下失败的情感也是必不可少的一个环节。只有让学生从失败的探究中学会思考,才会促使他们努力去寻找、去发现新的方法。例如,教学"发电"一课时,为了引导学生通过实验发现"热能可以转换成电能",教师要求学生把连接在电流表上的铜丝和铁丝的另一端缠绕在一起后,再放在酒精灯上加热,观察电流表指针的变化。

可是,学生在分组实验过程中,发现电流表的指针并没有什么明显的变化。于是,便纷纷向教师发问:"指针为什么不动呀?""热为

什么没有产生电呀？"面对这一新情况，教师对实验装置进行了检查，发现没有问题。"问题究竟出在哪里呢？"这时，教师让学生围绕这一问题展开探究活动："请同学们开动脑筋，看谁能想出办法，让热转变成电，比一比哪一组电流表的指针变化大！"学生探究的热情一下子被点燃了，在几分钟的时间内，教师就发现学生动用了好多独特的方法：有的将缠着的铜丝、铁丝弯成环形，以增加受热面；有的把铜丝、铁丝弯成双线缠绕起来再烧；有的用小刀刮去铜丝、铁丝表面的物质后再实验；有的两小组合起来，用两个酒精灯加热；有的根本不把它们缠绕在一起，而是先加热其中的一根，再用未加热的另一根去接触……经过这些操作，学生惊奇地发现电流表指针的变化明显了，后来又通过对比实验，他们发现"不把铜丝、铁丝缠在一起，而是先加热其中一根，再用另一根去接触"这一实验方法实验效果最好，指针摆动幅度最大。

通过上述学生的探究活动，我们不难发现蕴藏在学生思维深处的创造潜力是多么的惊人。我们姑且不去看实验的结果如何，就单单看学生实验失败之后所设计的新方法，就可以发现闪烁在学生思维中的创造性火花是多么的耀眼。学生有自己的思维方式，他们的想象力是我们教师难以想象的。如果在教学中，我们总是用自己的思维方式去约束、去要求学生，那么学生的想象力如何得到发挥，又如何使他们在挑战失败的探究中迸发出创造性的思维火花，最终成为一个快乐的发现者呢？

让学生成为乐于思考的发现者

在现今的科学教学中，似乎存在着这样一个误区：科学教育＝观察＋实验。其实，观察和实验只是科学教学的重要手段之一，也可以说只是科学教学的血与肉，并不代表科学教学的全部。而融汇于观察、实验过程中的假设、猜想等思维活动则是科学教学中必不可少的组成部分，也可以说是科学教学的灵魂。一个没有思想的观察和实验活动，充其量也只是一个空泛的机械操作而已。一个伴有思想的观察与实验，才能让学生充分体验到科学探究的乐趣，才是一个有生命活力的科学探究，才是一个真正意义的科学探究。

实践证明，正确的科学教育观应是：科学教学 = 观察 + 实验 + 科学思维。只有将科学思维纳入科学教学之中，去点燃学生科学探究的激情，去激活学生的科学探究思维，才能使我们的科学教育取得事半功倍的效果，才能让我们的学生充分享受科学探究、科学思维的乐趣，从而成为一个真正的发现者。

8．在教学中让学生学会自己发现

发现问题是人类主动认识世界的一种表现，也是培养学生进行创造性思维活动的一个重要途径。怎样让学生在认识客观世界的过程中学会发现问题，使他们表现出自己的创造素质，并使这种素质得到培养和发展呢？我们在进行科学启蒙教育的过程中，采用了玩中学、学中有创造、寓科学启蒙教育于游戏和实验之中的方式，使学生独立支配实验材料并在集体交流的过程中去发现问题，并用主动获取的知识和能力去解决新问题。

引起兴趣，是激起发现愿望的手段

激发学生的兴趣有多种途径，我们从以下几个方面人手。

第一，充分发挥游戏、实验的魅力，激发学生的兴趣。

第二，在游戏、实验之中，把学生的好奇心引向进行科学发现的轨道。

第三，让学生在克服困难的喜悦之中，迸发出更强烈的求知欲望。

在引导学生用感官认识物体属性的教学中，教师先拿一个装得鼓鼓的牛皮纸袋问学生：袋里有东西吗？你是怎么知道的？怎样才能准确地知道袋里装的是什么？

于是，这个平常而又神秘的纸袋便引起了学生研究的兴趣，这些疑问吸引学生要用眼睛去看袋里的物体。

然后，教师提问：不用眼睛看，能知道袋里装的是什么吗？学生在尝试用听和闻的方法都失败后，提出用手摸的办法。最后，教师让学生做"蒙眼摸物"的游戏，让他们借助已有的生活经验去发现认识物体的某些属性。

提出质疑，是发现问题的重要前提

质疑是解放思想的一种表现。因此，我们十分重视引导学生在观察的过程中多想一些为什么，对已成定论的条文敢于质疑，激发他们去发现问题。

在学习"鸡、鸭、鹅"时，当学生寻找出它们外部形态的共同特征和它们都是同一祖先的后代之后，有学生就提出："为什么鸭不孵蛋"的问题。这一问题引起了同学们的强烈反响。有的说鸭的肚皮下面有油，蛋要滑跑；有的说鸭的肚皮扁、翅膀短，抱不住蛋；有的则认为鸭的腿太短，孵蛋不方便；等等。在这些不尽正确的幼稚的解释之中，却闪烁着它们力求依靠自己的力量去探索发现的智慧火花，而这火花只有精细的观察和勇于质疑才能迸发。

揭示矛盾，让学生在矛盾之中去学会发现问题

在研究"太阳和影子"的活动中，有学生说他的影子在北方，有

的说他的影子早晨在西方。活动结束时，教师引导学生注意一个矛盾，提出："为什么影子的方向不一样？"学生说："是时间不一样。""为什么不同的时间，物体的影子就有不同的方向呢？"教师号召学生课后去进行广泛的观察来解决这个矛盾。第三天，周阳同学兴奋地说，他观察了整整一天，终于发现了太阳在天上的位置在变，影子的方向也就发生了变化。这对于小学生来说确实是个了不起的发现，更重要的是，这种活动已推动学生把课内研究发现问题的兴趣迁移到了他们的日常生活中，使他们在日常生活中提高了自己发现问题的本领。

创设研究的条件，让学生从多种角度去发现

在"沉和浮"的教学中，教师给学生提供了他们所喜欢的橡皮泥、玻璃球、小石头、小铁圈、小木块、海绵、乒乓球、瓶盖和一盆水。研究前，教师只向学生提出："自己想办法去摆弄这些材料，看能有什么发现。"学生通过观察把这些物体和水联系起来，根据物体在水中沉浮的现象把它们分成了三类。接着，教师提出："想办法让所有下沉的物体浮起来，使浮在水面上的物体沉下去。"由于教师在设计这些材料时就考虑到了下沉物与上浮物能有多种相互作用的联系，因此学生在解决这一问题时，少的找出六七种方法，多的则找出十几种方法。这说明，只要教师能为学生创设研究的条件，为他们提供合理的、科学的实验材料，使他们的聪明才智得到充分的发挥，学生就能够进行广泛的发现。

每一个学生都有潜在的发现和创造的愿望，教师如能充分相信学生，在学生遇到困难的时候，给予他们情感上的支持，保护他们的自尊心，帮助他们树立起自信心，利用他们的好奇心给予适当的点拨，就会调动他们去发现问题的主动性。当然，怎样培养学生自己发现问题并非一朝一夕之功，需要我们坚持不懈地去研究探索。

第二章

学生天文发现的启迪

1. "日心说"的发现

1543年5月的一天，一位白发苍苍的老人奄奄一息地躺在病榻上。他的学生把刚刚出版的凝结着他毕生心血的《天体运行论》送到他的手中，但他已经没有力气翻开这本书，只是用手摸了摸，不久，就与世长辞了。

他没有想到，在他死后，他的这本书在世界上掀起了轩然大波。有人咒骂它是异端邪说，不惜使用暴力禁止它的传播；有人赞美它是科学真理，为了捍卫它献出自己的生命。

这本书的作者，就是伟大的天文学家哥白尼，在《天体运行论》这部不朽的著作中，哥白尼向世界庄严宣布：地球是绕着太阳旋转的。

哥白尼的"日心说"是向封建教会发出的檄文，它第一次把科学从神学的桎梏中解放出来，拉开了近代科学史的帷幕，掀起了人类认识论上的一场伟大革命。

地心说

在哥白尼的那个时代，"地心说"已统治世界一千多年了。那时候，在各个大学中，天文学教授的都是托勒密的"地心说"。

"地心说"并不是托勒密的发明。自古以来，人们看到太阳、月亮、星星从东方升起，向西方落下，就开始思索一个问题，到底是天旋还是地转。

公元前三百多年以前，古希腊的哲学家亚里士多德提出，地球是不动的，日月星辰都绕着地球旋转。这种看法与人们的感觉相符，因

此被世人所接受。

另一位古希腊哲学家阿利斯塔克提出地球是绕着太阳转的。可惜他的理论没有引起人们的重视。

托勒密是古希腊的一位天文学家，同时也是一位数学家、地理学家。他集前人之大成，写成了《天文学大全》一书，把"地心说"发展为一个完整的体系。

托勒密主张，宇宙是一个有限的球体，地球处于宇宙的中心，岿然不动。月亮、太阳还有其他行星一方面绕着自己的小本轮作匀速圆周运动，另一方面又沿着均轮绕地球作匀速圆周运动。它们距地球的位置依次是月球、水星、金星、太阳、火星、木星、土星，行星之外是恒星天。托勒密建立了一套严密的数学计算方法，可以比较精确地算出行星的位置，预报日食、月食。

科学反对神学

15世纪，随着生产技术的发展，资产阶级诞生了。那些新兴的商人迫切希望开辟新的海上航线，到海外通商贸易，寻找财富。特别是13世纪有个叫马可·波罗的意大利人，他曾到过中国、印度，在他的游记中，把中国、印度等东方古国描绘成遍地是黄金的宝地，这对那些商人来说，更是一个巨大的诱惑。

在"黄金梦"的驱动下，一些商人、航海家开始了大规模的航海冒险。葡萄牙人达·伽马绕过非洲好望角，开辟了到达印度的新航线；哥伦布穿过大西洋，发现美洲新大陆；麦哲伦率船队进行环球航行……

航海活动带来了地理大发现，促进了世界贸易，同时也直接推动了天文学的发展。在茫茫的大海中航行，只有参照天空中星星的位置，才能确定船只所在的经纬度。这样，就需要编制精确的航海用的行星运行表。人们发现以托勒密的地心说为指导而编制的天体运行表，误

差太大，已满足不了要求了。

资产阶级在用火与剑为自己在经济上、政治上开路的同时，也用笔与舌在思想文化领域与封建势力展开了抗争。最有名的就是欧洲的文艺复兴运动，它的矛头指向封建势力的精神支柱——宗教与神学，科学与文化广为传播。

罗马教会枢机主教库萨的尼古拉认为地球是个行星，不是宇宙的中心。达·芬奇也有太阳不动的想法。意大利天文学家、数学家诺瓦拉指出，托勒密的体系太复杂，不符合数学的和谐。

山雨欲来风满楼，一场天文学的巨大变革已经酝酿成熟，科学反对神学的革命暴风雨就要来临了。

哥白尼创立日心说

哥白尼于 1473 年诞生在波兰托伦市的一个富商家庭。他 10 岁的时候父亲就去世了，在教堂中担任牧师的舅父把他抚养成人。

哥白尼的少年时代是在教会学校中度过的。18 岁时，舅父送他到克拉科夫的雅盖龙大学学医，这所大学是欧洲有名的学术中心，很注重数学和自然科学。哥白尼在那里对天文学产生了浓厚的兴趣，学会了用天文仪器来观测天体。

23 岁时，哥白尼来到文艺复兴的中心意大利，先后在博格尼亚大学、帕多瓦大学学习法律、医学和神学。

哥白尼最早也是信奉托勒密的地心说的，但是在实际观测中，他对此越来越感到怀疑。为什么行星有些日子亮些，似乎离地球近一些，有些日子又暗些，似乎离地球远一些？它们为什么有的日子跑得快一些，有的日子跑得慢一些，和绕着地球转的月亮的情况完全不同呢？

用托勒密的学说计算星座的位置，需要列出繁杂的算式。一次，哥白尼的一位朋友计算时竟引入了 79 个本轮、均轮，结果仍然是破

绽百出。哥白尼断定："托勒密的体系不是忽略了必不可少的细节，就是塞进了毫不相干的东西！"

在意大利，哥白尼深受文艺复兴运动的影响。文艺复兴是从复兴古希腊的文化开始的，因为古希腊以工商业为主的城邦经济及奴隶主民主政治与新兴资产阶级要求相一致，因此他们掀起了一股研究古代学术的热潮，文艺复兴运动也由此而得名。哥白尼孜孜不倦地阅读了他所能得到的古希腊、古罗马著作，他发现古希腊哲学家中已经有人描述过地球绕太阳运动，这使他受到了极大的启发。

那么，怎么样解释人们感觉不到"地动"而是天在运动呢？哥白尼引用了一位诗人的名言："我们离港向前航行，陆地和城市后退了"。当船向前行驶时，坐在船上的人不感到船动，而是看到两旁的景物后退。与这个道理相同，位于地球上的人，感觉不到地球在运动，而是看到日月星辰东升西落。

日心说的思想在哥白尼头脑中形成了：如果把太阳看成是宇宙的中心，地球和其他行星都围绕着太阳旋转，那么就可以构成一个美丽和谐的天文体系了。

光有新思想是不够的，如果没有大量的观测和计算来证明日心说体系，那么这一学说与古希腊学者所提出的地球绕太阳转一样，只能算作是一种哲学推测。

1503 年，哥白尼回到了波兰，在弗劳恩堡担任牧师职务。在他供职的教堂墙垣的西北角有一座小阁楼，哥白尼就在这里建起了一个简易的天文观测台。他亲自动手制作了各种天文仪器，每天不断地观察和计算。在他的《天体运行论》一书中，记载有日食、月食、火星冲日、木星冲日、黄赤交角、春分点的移动等 27 项观察实例，其中 25 项是他自己的观测结果。

正是建立在富有想像力的哲学思考、精密的实际观察和严格的数学计算之上，哥白尼的日心说诞生了。

哥白尼认为，太阳屹立在宇宙的中心，行星沿着圆形轨道绕太阳运行，离太阳最近的是水星，依次是金星、地球、火星、木星、土星。地球仅仅是一颗普通的行星，月亮是地球的卫星。在行星轨道以外，是布满恒星的恒星天。地球每天自转一周，造成了天穹的东升西落。

哥白尼深知，他的学说为教会所不容，如果公开发表，他的学说将被扼杀在摇篮中，他本人也将受到教会的迫害。1506—1512 年，他写了一个日心论的提纲《试论天体运行的假设》，分送给他最亲密的朋友。此后，他开始撰写《天体运行论》这部书，但却一直不敢发表。直到他已 69 岁时，知道自己的时间已经不多了，在他的朋友的再三敦促之下，才破釜沉舟，决定出版这本书。

罗马一位诗人说过，一部著作必须经过 9 年才可以发表。哥白尼的《天体运行论》从 1506 年开始酝酿，到 1543 年发表，经过了 37 年。

在《天体运行论》一书的前言中，哥白尼写道："摆脱错误的思想，寻求真理，是学者应有的责任和权利。我相信我的主张终究会被人们所接受。如果有人曲解圣经，对我的著作进行非难和攻击，我决不理睬，因为我鄙视他们。"

《天体运行论》出版之时，正是哥白尼弥留之际。这位伟大的学者虽然去世了，但他的学说却在全世界传播开来。

为真理献身的布鲁诺

《天体运行论》发表的初期，教会还以为这不过是一本普通的天文学著作，直到日心说在欧洲广为流传，动摇了基督教教义时，教会才大为震惊，下令禁止这本书。但是，真理是压不住的，越来越多的人接受了日心说。这些人中，有一位热情宣传、勇敢捍卫日心说的斗士，

他就是意大利哲学家、天文学家布鲁诺。

布鲁诺出生在意大利那不勒斯附近诺拉城的一个贫苦家庭。15岁时，由于家境贫寒，无法再继续上学，他进了修道院，当了一名修士。

他所进的修道院圣多米尼克，有欧洲藏书最多的图书馆。布鲁诺博览群书，熟读了古今哲学家、科学家、戏剧家、诗人的著作。他非常聪颖，记忆力惊人，对书中的警句、精彩章节，可以倒背如流。靠着顽强的自学，布鲁诺获得了哲学博士学位，成为当时知识渊博的学者之一。

在修道院生活过多年的布鲁诺，阅读了文艺复兴时期的许多进步书籍，包括揭露教会、主张宗教改革的书籍，哥白尼的《天体运行论》等，这更加激发了他对教会的反抗。

1575年，布鲁诺因抨击宗教，受到教会迫害，不得不逃出意大利。在瑞士，他又因反对新教被加尔文教会而被抓进监狱。

历经磨难的布鲁诺后来逃离日内瓦，来到法国，受聘在图卢兹大学讲授天文学。正是在这里的短短几年中，他奋笔疾书，写出了著名哲学著作《论原因、本原与太一》《论无限性、宇宙和诸世界》。

布鲁诺以火一般的热情，宣讲哥白尼的学说，坚决反对亚里士多德－托勒密体系。不仅如此，他还以天才的哲学思想和勇敢的革命精神发展了哥白尼的学说。

布鲁诺认为，地球不是宇宙的中心，太阳也不是宇宙的中心，宇宙是无限的，没有边界，因而也就不可能有中心。太阳系仅是宇宙中极其微小的一部分。太阳不是不动的，地球在转动，太阳也在转动，每个"世界"都围绕着另一个"世界"转动。在无限的宇宙中，有无数个"世界"在诞生，也有无数个"世界"在消亡，作为宇宙本身，

永恒存在，既无开始，也无终结。

布鲁诺的学说弥补了哥白尼"日心说"的不足，他的许多天才思想，已为今天科学的发展所证明。

哥白尼把地球逐出了宇宙中心，而布鲁诺根本否认了宇宙存在中心，这样就把上帝从宇宙中驱逐出去了，沉重地打击了宗教神学关于"上帝创造世界""上帝主宰一切"的谎言。

布鲁诺比哥白尼更大胆和勇敢，他走到哪儿，就在哪儿用他的嘴和笔勇敢地捍卫日心说，无情地痛斥经院哲学和宗教神学，揭露教会的黑暗和虚伪。因此，教会把他看作是一个最危险的革命者，想要置他于死地。

为了免遭屠杀，布鲁诺不得不从一个国家逃到另一个国家，在异国他乡过着漂泊不定的逃亡生活。

1592 年，罗马教庭策划了一个恶毒的阴谋，他们收买了一个威尼斯商人。不久，布鲁诺收到了这个商人的一封信，信中假惺惺地赞扬了布鲁诺，并邀请他到威尼斯讲学。

1592 年 5 月 23 日，布鲁诺乘船回到威尼斯，他刚刚踏上阔别多年的祖国的土地，几个彪形大汉就一拥而上，把布鲁诺绑进了一辆马车。翌年 2 月，他又被从威尼斯转押到罗马，投入宗教裁判所的监狱。

布鲁诺被关押在监狱中近 8 年，受尽了严刑拷打。由权威神学家组成的检查小组不断从他的书中找出一些矛盾，企图说服他放弃自己的观点，声称只要他改过自新，就可以保全他的生命。但无论如何威逼利诱，布鲁诺都毫不动摇。

1600 年 2 月 8 日，宗教裁判所对他做出最后判决："布鲁诺宣扬异端邪说，亵渎神灵，处以火刑。"

布鲁诺毫不畏惧，他对那些高高在上的宗教法庭的法官高声嘲

笑地说："你们宣布对我的判词，比我听到判词还要恐惧，还要胆战心惊！"

1600年2月17日，被折磨得瘦弱不堪的布鲁诺被押到了罗马鲜花广场。火刑柱旁堆满了干柴。神甫最后拿出了刻有耶稣受难的十字架让他忏悔，布鲁诺高昂着头，露出蔑视愤懑的目光。

"烧死他！烧死他！"教会的刽子手高喊着。

在熊熊的烈火中，这位欧洲文艺复兴时期卓越的唯物主义哲学家、著名的自然科学家和勇敢的抗逆中世纪天主教黑暗势力的不屈战士，为追求真理，献出了自己宝贵的生命。

布鲁诺牺牲了，然而他为之献身的真理却是无法消灭的。

两次受到审判的伽利略

在为捍卫和发展日心说的斗士中，还有一位就是著名的物理学家、天文学家伽利略。

伽利略1564年生于意大利比萨城的一个没落的贵族家庭，17岁时进入比萨大学医学院，后来，他的兴趣从医学转向了数学和物理学。

伽利略从青年时代就表现出杰出的才华，引起学术界的重视，被人们称作"当代的阿基米德"。

在医学院读书时，有一次伽利略在教堂祈祷，发现一盏挂灯在空中来回摆动，他用自己脉搏的跳动来计时，发现挂灯每往返摆动一次，时间都是一样长，这就是著名的摆的等时性原理。

伽利略是经典力学与实验物理学的开创者，他设计了许多实验来研究物体运动的规律。

最有名的就是落体实验。许多人都熟知这个故事。为了证实自由落体定律，1590年，伽利略登上了比萨斜塔进行公开表演。他同时

丢下两个不同重量的球，结果两个球同时落地。这就证明了，在忽略空气阻力的情况下，不同重量物体以等加速下降，这就是自由落体定律。

不过，据考证历史上并无其事，这仅仅是一个传说。伽利略的实验是让一个光滑的黄铜球沿一个可以改变倾角的光滑斜面滑下，用一台简陋的水钟测定小球在斜面上下滑的时间。结果发现，不同质量的物体沿相同倾角的斜面运动，加速度相等。当倾角为 90°，物体自由下落时，这个结论也成立。这样就推论出自由落体定律。这个定律推翻了亚里士多德提出的物体越重落得越快的说法。

伽利略还发现了惯性定律、合力定律、抛物体运动规律、相对性原理等。

伽利略在比萨大学任教时就接受了哥白尼的学说，他在 1597 年写给开普勒的信中，透露了他的这一观点。但是伽利略一直不敢公开发表自己的观点，他不愿意遭到像哥白尼、布鲁诺那样的命运。为寻求真理，他在私下进行了许多观察、实验。

1609 年，伽利略从一位朋友的来信中得知，一个荷兰商人利用镜片组合可以看见远处的东西。伽利略非常感兴趣，经过反复研究，他制造出了由二组透镜构成的第一架天文望远镜，放大倍数达到 32 倍。

当伽利略把这架望远镜指向天空时，所看到的景象使他惊喜若狂。他写道："我惊讶得忘乎所以，感谢上帝，它使我发现了如此壮观和迄今还不知道的奇迹。"伽利略看到了许多过去从未有人看到过的新的天文现象。因此，人们称哥伦布发现了新大陆，伽利略发现了新宇宙。

伽利略发现，月球表面并不是光滑无瑕的，像地球一样有高山、

有峡谷，他还发现太阳上有黑子，也就是说，天体并不像传统的亚里士多德学说所说的那样，比地球更完善和优越。伽利略发现，金星与月亮一样，不时从新月变成满月，这就表明金星是一个黑暗的球体，它是被太阳照亮而发光的，是绕着太阳旋转的。他还发现，木星有四颗卫星，它们绕着木星旋转，这也间接证明了地球并不是宇宙唯一的中心。伽利略还观察了银河，发现它是由无数恒星聚集在一起形成的星团。

所有这些发现都证明，哥白尼的学说是正确的，地球与其他行星一样，也是一个普通的天体，在宇宙中并不占有特殊的位置。

伽利略欣喜地宣传他的新发现，一再邀请那些经院哲学家和神学家用望远镜观察天象。他们不但拒绝，而且骂伽利略是骗子，说望远镜是魔鬼的发明，是伽利略用符咒把新星星从天上咒出来的。

有人向罗马法庭告发了伽利略，说他宣传哥白尼的日心说，对圣经进行随心所欲的解释。1616年，宗教法庭传讯伽利略并对他进行审判，警告伽利略不得再宣传日心说。

1623年，新的教皇乌尔班八世即位。这位教皇早年对科学感兴趣，是伽利略的朋友。伽利略赶往罗马，希望取消对哥白尼著作的禁令，虽然没有达到目的，但教会同意他写《关于托勒密和哥白尼两大世界体系的对话》，前提是不能损害上帝创造世界的基本信条。

伽利略花了整整9年时间，写成了这本关于天文学总清算的名著。他采用威尼斯市民沙格列陀、新科学家萨尔维阿蒂和亚里士多德学派辛普利邱三人对话的形式，用新颖通俗的文体，无情地批驳和嘲弄了亚里士多德 - 托勒密体系的各种陈词滥调，有力地论证了地球的自转和围绕着太阳的公转。

这部书出版后，人们争相阅读，在欧洲产生了巨大的影响。

罗马教庭被激怒了，《关于两门新科学的对话》被禁止销售，并传讯伽利略到罗马受审。这时的伽利略已年近 70，正在病中。教庭下令："就是用铁链锁，也要把他押到罗马来。"

拖着病弱身体的伽利略被押到罗马宗教法庭，10 名法官对他进行了审判，罪名是违反教庭的禁令，坚持宣传哥白尼著作中的异端邪说，伽利略被判处有罪和下狱。

在教庭上，伽利略被迫当着众人宣誓，放弃地球绕着太阳转的异端邪说。一个人被迫否定自己多年来追求的真理，这是何等痛苦啊。据说，当伽利略精疲力尽地离开法庭时，还在喃喃自语："可是，地球还是在运动的啊！"

伽利略后来被幽禁在佛罗伦萨郊外的别墅中，不许他和亲友来往。伽利略的病越来越重，视力迅速衰退。他没有退却，倾注了自己全部精力，完成了《关于两门新科学的对话》。这部不朽的名著总结了他一生的研究成就。当这部书出版时，伽利略已双目失明，最后，伽利略死于幽禁中。

日心说的胜利

教会的残酷镇压可以使人们一时沉默不语，但是它改变不了地球绕太阳旋转的事实，也阻止不了人们对真理的追求与认识，日心说冲破了重重阻力，在斗争中不断发展，日臻完善。

与伽利略同时代的德国著名天文学家、数学家开普勒，发现了行星运动三定律，进一步发展了哥白尼的日心说。

开普勒在蒂宾根大学读书时，就开始研究哥白尼学说。由于反对新教，29 岁的开普勒被迫离开家乡来到布拉格，在这里他结识了著名的天文学家第谷，这成为他一生命运的转折点。

丹麦天文学家第谷被认为是近代天文学的始祖。他在弗恩岛上建

立了福堡天文观测台，在这里进行了 *20* 年的天体方位测量。

第谷有惊人的机械操作能力与技巧，设计制造了许多仪器。他对各个行星位置的测量，误差不大于 *4* 角分，即 *0.067* 度。他收集了丰富的有关恒星和行星方位的数据，编制的恒星表，相当准确，因此被人们誉为"星学之王"。

1599 年第谷定居布拉格。*1600* 年，他开始与开普勒合作，共同进行天文研究。可是不幸的是，第二年第谷就去世了。第谷临死前，把毕生观测所得的宝贵资料，全部送给了开普勒。

开普勒不仅是天文学家，还是有很高造诣的数学家。他善于思考，有丰富的想象力。他相信，宇宙是有秩序的，全部行星构成一个整体，并存在统一的定律，可以用数学关系表示出来。

他选择火星为研究对象，因为在第谷的资料中，对火星的观测占有最多篇幅，而且这个行星的运行与哥白尼理论的出入很大。

开普勒按照哥白尼体系即行星轨道是正圆进行了多次计算，但结果总是与实际观测数据差 *8* 角分。开普勒幼年患天花，损伤了视力，不能亲自进行天文观测，但他相信第谷的测量是非常准确的，自己的计算也没有问题。于是他敏锐地感到行星的轨道为正圆是错误的。正是凭这 *8* 角分的差异，开普勒开始了天文学的革新。

经过无数次刻苦计算，尝试了 *70* 多种轨道，最后，开普勒终于发现椭圆形轨道与观测值十分吻合，而太阳恰好位于椭圆的一个焦点上，于是，开普勒终于发现了火星的真实轨道。

经过分析归纳，开普勒得到了行星运动第一和第二定律：每个行星分别在大小不同的椭圆轨道上运行，太阳位于一个焦点上；行星的运动不是匀速的，连接太阳和行星的直线在相等的时间内扫过的面积相等。又经过十年苦战，开普勒发现了行星运动第三定律：不同行星

绕日运行周期的平方，与它们到太阳的平均距离的立方成正比。

开普勒因发现行星运行的规律，被人们称为"天空立法者"。他大大地丰富和发展了哥白尼的学说，用定量的数学方程把太阳系体系表示出来，更确切地反映了行星运动的真实面貌。

在开普勒之后，1687年，伟大的科学家牛顿发现了万有引力定律，为行星绕太阳运动的原因找到了理论根据，那就是行星是受到太阳的引力，才围绕着太阳不停旋转的。

由于伽利略、开普勒、牛顿等人的工作，哥白尼的学说建立在了更加科学的基础上，日渐深入人心，教会的种种阻碍对日心说已无济于事了。

1757年，罗马教庭不得不宣布解除早已名存实亡的对哥白尼《天体运行论》一书的禁令。1882年，罗马教皇宣布承认日心说。

经历了300多年的斗争，日心说终于取得了最后的胜利。

哥白尼的日心说翻开了自然科学发展史上新的一页。正像革命导师恩格斯评价的那样："从此自然科学开始从神学中解放出来"。过去，自然科学只能用来解释神学。而哥白尼的日心说使自然科学开始走上独立之路。因此，人们把1543年《天体运行论》出版那一年做为近代自然科学史的开端。

2．哈雷彗星的发现

1682年的一个晴朗的夜晚，星月皎洁，欧洲大地像往日一样平静。突然，天空中出现了一颗奇异的星星，它像一把扫帚，拖着一条长长的尾巴，闪闪发光，在群星灿烂的夜空里，显得格外耀眼。它的出现立刻引起了欧洲大陆的轰动。人们对这位不速之客的到来，议论纷纷。

它就是我们现在所说的彗星。一连几十个夜晚，这颗彗星总是沿着自己的轨道缓慢运动在浩瀚的星空，人们望着这颗彗星，心惊肉跳，昼夜恐慌，欧洲大地呈现一片混乱的景象。直到它渐渐远去，消失在星际里，人们才重新安定下来。

然而，在这无数双注视彗星的眼睛里，却有一双蓝色的眼睛毫无惧色。这双眼睛闪烁着智慧之光，流露出一种狂热的、渴望揭开这个星体之谜的感情。这就是埃德蒙·哈雷（Edmond Halley，1656 年—1742 年，英国天文学家和数学家）。

1656 年 11 月 8 日，哈雷生于伦敦附近哈格斯顿一个富有的商人家庭。他小时候并不是一个聪明的孩子，但是他学习很勤奋，因此在中学读书期间，成绩很出色。老师给他讲解的有关天文知识，介绍的伽利略、布鲁诺为天文学事业而英勇无畏的事迹，引起了哈雷对天文学的极大兴趣。

1673 年，哈雷考入牛津大学王后学院，在这所当时世界著名的高等学府里，他学到了许多有关数学和天文学的知识。他大学三年级时，父亲因病去世，哈雷得到了一笔不小的遗产。这年哈雷做出了一个惊人的决定，他决定放弃在牛津大学的学习，而到地球的南半球观测星象。这时的哈雷已经醉心于天文事业。他发现地球的南半球是观测星象的好地方，这对天文学的研究工作将会大有推进。

1676 年的一天早晨，21 岁的哈雷和两个忠实的青年伙伴搭乘了一条东印度公司的商船，扬帆南下航行了 100 多个日夜，终于到达了距离英国 11 000 多公里的南大西洋中人烟稀少的圣赫勒拿岛。

岛上的生活十分艰苦，然而哈雷把这一切困难早已置之度外。经过一番努力，终于在 1677 年的 1 月，建成了一个小小的天文台，这是人类历史上设在南半球的第一个天文台。哈雷从此开始了他的天文学的研究生涯。

哈雷经过近两年的时间，测编完成了《南天星表》，这是世界上第一个南天星表，包含 341 颗南天恒星的黄道坐标。1678 年，该星表在英国伦敦发表后，名声大震，他也因此被选为皇家学会会员。自此，23 岁的哈雷和牛顿在剑桥结为好友。受牛顿影响，哈雷开始以万有引力定律对彗星进行研究。

哈雷编纂了大量彗星的观测记录，并且是第一个全力以赴地从事彗星轨道计算的人。经过几年的努力，哈雷搜集了英国和世界各地历史上关于彗星的观测资料，找到了从 1337 年到他 1698 年观测到的 24 次关于彗星的记载。哈雷对这 24 颗彗星的轨道做了计算后，发现 1531 年、1607 年和 1682 年出现的三颗彗星，轨道十分接近，而且这三颗彗星出现的时间，又恰好都是相隔 75 年左右。这使哈雷突然产生了一个大胆的设想：难道它们是同一颗彗星吗？这个想法使他兴奋不已。但是，他清楚地认识到，要使设想变成科学，必须掌握大量的真实数据。

于是，他又开始查阅更早的历史资料，果然又发现每隔 75 年或 76 年就有一颗明亮的大彗星出现。看来，这颗彗星的周期回归已经无可怀疑了。接着他又开始对这颗彗星的运行轨道作进一步的计算。

经过几个月的日夜奋战，计算、复核、计算……哈雷得到了令人欢欣鼓舞的结果：这颗彗星在运行轨道上环绕太阳运行的周期与历史上的记载完全相符。他不仅发现彗星的运行轨道，同时又一次雄辩地证明了万有引力定律的正确性，使天文学和物理学都向前推进了关键的一步。哈雷令人信服地指出，这颗彗星是太阳系的一颗行星，受太阳引力的吸引，围绕太阳运行，不过，这个椭圆形的轨道比地球绕太阳运行的轨道大得多。地球绕太阳一周需要一年，它则需时 75 年左右。

1720 年，哈雷担任了格林威治皇家天文台台长，成为皇家天文学家。他正式宣布，人们在 1682 年看到的那颗大彗星，实际上是 1607 年那颗彗星的回归。这颗彗星将在 1758 年底或 1759 年初重新出现在人们的眼前。

这一庄严的宣告，震撼了整个欧洲大陆。整个英国社会乃至欧洲都产生了强烈的反响。社会上大多数人半信半疑，一些天主教士更是立即跳出来进行冷嘲热讽。但是，许多真正的科学家却极为重视哈雷的预言和论证，肯定了这一天文学研究方面的重大成绩。

哈雷的预言会成为现实吗？人们都拭目以待。

1758 年 12 月 25 日，圣诞节之夜，这颗彗星没有辜负哈雷的厚望，果然如期降临了。人们高声呐喊："哈雷来了！"

哈雷的预言得到证实使天文学界为之振奋，遗憾的是，哈雷没有等到这一天，他已于 1742 年 1 月 14 日卒于格林威治。人们为了纪念这位科学家的预言，将该彗星定名为"哈雷彗星"。此时，长眠地下达 16 年之久的哈雷可以瞑目了。

3. 发现月球的另一面

人造卫星没有上天之前，月亮的另一面对于生活在地球上的人类来说，一直是个谜。这是因为，月亮自转的周期和它绕地球旋转的周期相同，它总是一个半球对着地球，另一个半球背向地球。原因何在？第一个解答这个问题的，就是18世纪后期到19世纪初期的科学家拉格朗日（Joseph Louis Lagrange，1736年—1813年，意大利数学家、力学家）。他在分析和数论的各个领域，以及分析力学和天体力学中都有杰出的贡献，其最重要的著作《分析力学》是以后这一学科所有研究的基础。

拉格朗日是变分法的开拓者和分析力学的奠基人。1766年，普鲁士王腓特烈大帝写给拉格朗日的信中说："欧洲最大之希望，欧洲最大的数学家——拉格朗日在我的宫廷之中。"拿破仑曾赞美他是"一座高耸的金字塔"。

拉格朗日1736年1月25日生于意大利的都灵。父亲是陆军骑兵里的一名会计官，后又经商，因经商破产，家庭经济景况日渐衰落。拉格朗日是长子，他有10个弟弟妹妹。因此，父亲一心想让他学法律，将来当一名大律师，重振家业。然而，拉格朗日对法律毫无兴趣，却偏偏喜爱文学。父亲因而对他大失所望，放弃了对他学业上的信心。

17岁那年，拉格朗日偶然读到一篇英国天文学家哈雷撰写的介绍牛顿微积分方面成就的文章——《论分析方法的优点》，使他对牛顿产生了无限的崇拜和敬仰，于是下决心做牛顿式的数学家。

在进入都灵皇家炮兵学院学习后，拉格朗日就开始有计划地自学数学。由于他勤奋刻苦，进步很快，尚未毕业就担任了该校的数学教学工作。他18岁开始撰写数学论文，19岁被正式任命为该校的几何学教师。

这一年，拉格朗日开始研究"极大和极小"的问题，采用了纯分析的方法，全面而系统地处理了范围很广的一类问题。1775年8月，他写信把这个方法告诉了著名数学家欧拉，欧拉立即给他回了一封热情洋溢的信，祝贺他取得的巨大成就。就这样通信、讨论，拉格朗日和大数学家欧拉一起开辟了数学的一个新的分支——变分法。

1756年，在欧拉的推荐下，20岁的拉格朗日被提名为柏林科学院的通讯院士，接着又当选为该院的外国院士。

1762年，法国科学院提出"月球天平动"的问题，作为1764年的悬赏题目。要求用万有引力定律解释月球何以自转，以及自转时总是以同一面对着地球，且产生二均差。在这次悬赏征答中，拉格朗日写出一篇出色的论文，成功地解决了这一问题，获得了科学院大奖，得到了巴黎同行的赞扬。于是，拉格朗日的名字便传遍了法国、德国、意大利乃至整个欧洲，引起了世人的瞩目。

两年之后，法国科学院又提出了木星四卫星的问题，这是一个比"二体问题"复杂得多的"六体问题"。所谓"六体问题"就是木星的四个卫星（当时只发现木星有四个卫星）和太阳之间的摄动问题。

对这个问题的精确计算在当时是相当困难的。拉格朗日面对这一难题，毫不畏惧，经过数个昼夜的计算，最后，他终于用近似解法克服了困难，从而再度获奖。这两次获奖使他赢得了世界性的声誉。

1766年，拉格朗日到柏林科学院工作，1776年接替欧拉担任柏林科学院院长的职务。1787年，拉格朗日离开柏林到了巴黎，先后任巴黎师范学校和巴黎工艺学院教授。

在柏林科学院的20年中，拉格朗日发表了许多的论文，成果丰富，多次获得法国科学院大奖：1772 年以论文《论三体问题》获奖；1773 年以论文《论月球的长期方程》再次获奖；1779 年又以论文《由行星活动的试验来研究彗星的摄动理论》而获得了双倍奖金。

拉格朗日在柏林科学院期间，对代数、数论、微分方程、变分法和力学等方面进行了广泛而深入的研究。他最有价值的贡献之一是在方程论方面。他在对前人用来解决四次以下方程的全部方法的基础上，又进行了深入的研究，于是得出了结论：用代数运算解一般 n 次方程（$n>4$）是不能的。虽然对于这一结论他没能给出证明，但这一结论对后来伽罗华建立群论起到了极为重要的作用。

值得一提的是，他完成了自牛顿以后最伟大的经典著作《论不定分析》，出版时他已经 52 岁，整整经历了 37 个春秋，倾注了他的全部智慧和心血。在这部巨著中，他利用变分原理，建立了优美而和谐的力学体系。

他在序言中写道："我们已经有了力学方面的各种专著，但本书的计划是全新的。我曾致力于将这门科学'力学'，以及解决与它有关问题的技巧，化归为一般性的公式，这些公式的简单推导就给出解决每一个问题所必须的全部方程……在这项工作中找不到圆形。我在其中所阐明的方法，既不要作圆，也不要求几何和力学的推理，而只是一些遵照一致而正确的程序的代数'分析'运算。喜欢分析的人将高兴地看到力学变为它的一个分支，并将感激我扩大了它的领域。"

确实，拉格朗日把宇宙谱写成由数字和方程组成的有节奏的旋律，把动力学发展到登峰造极的地步，并把固体力学和流体力学这两个分支统一起来。毫不夸张地说，这部巨著奠定了现代力学的整个基础。

因此，伟大的科学家哈密顿把它誉为"科学诗篇"。

拉格朗日堪称第一位真正的分析家，他以严谨的科学态度研究每一个问题。他的工作对于以后几个世纪中数学所遵循的路线有着深远的影响，也为高斯、阿贝尔等一代数学家的成长提供了丰富的营养。在以后一百多年的时间里，数学里很多重大的发现几乎都与他的研究有关。

1813 年 4 月 10 日早晨，这位伟大的科学家在巴黎因病逝世，走完了他那光辉灿烂的科学旅程。在科学发展史中，拉格朗日是一位"总结了 18 世纪的数学成果，开辟了 19 世纪数学研究道路"的科学天才。

4. 天王星的发现

1781 年，太阳系的一个新成员，第七大行星——天王星被发现，天文学又向前发展了一大步。天王星的发现，在当时引起了科学界的巨大震动。这颗行星的发现者，竟是一位普通的乐师——威廉·赫歇尔（Friderich Wilhelm Herschel，1738 年—1822 年，英籍德国天文学家）。

威廉·赫歇尔于 1738 年 11 月 15 日生于德国西北部的汉诺威。父亲是汉诺威军队的中的一名乐师。由于家庭贫困，他 15 岁时就被父亲送到军乐队拉手风琴和吹双簧管。然而，残酷的战争来临了。1757 年，法军占领汉诺威。他 18 岁时只身从德国流亡到英格兰，靠演奏手风琴糊口度日。

此时，赫歇尔已经迷恋上了天文学。观察天空需要望远镜，他没有钱买，就自己磨制。1773年，他开始磨制望远镜，先后制作出了焦距为2米、3米、6米及12米的望远镜。

有了自己的望远镜，赫歇尔立即把它指向星空。

1774年，赫歇尔不仅制作出了世界上最好的反射望远镜，而且第一次使反射望远镜的效能真正超过了当时的折射望远镜。正是这架反射望远镜使他的天文事业进入科学的研究阶段，进而取得了一些重大发现。

在赫歇尔进行"巡天观测"的第七个年头，1781年3月的一个夜晚，晴朗的天空格外寂静，月光下，赫歇耳照例用自制的2.1米焦距反射镜和放大二百多倍的目镜作"巡天观测"。

突然，朦胧的双子星座内出现了一颗绿色的光点，他重新调节了一下焦距，没错，是一颗美丽的绿色的星，还带有草帽似的光环。

当时，他无比激动，寂静的夜晚无法抑制他的喉咙："我发现新的星星了！"嘹亮的声音，响彻天空。

起初，他怀疑这可能是一颗彗星，所以他报道说，自己发现了一颗彗星。然而，他又进行了多次观测，发现这个小圆面像一颗行星那样具有明显的边缘，而不像彗星那样只有模模糊糊的边界。

后来，许多天文学家摆出了各种证据，特别是当计算出它的轨道时，赫歇尔才恍然大悟："原来自己的确发现了一颗的新的行星，是一颗比土星更远的大行星。"这一重大发现震撼了英国，传遍了全世界。从前，人们一直把土星当作太阳系的边缘，认为太阳只有六颗行星：

金星、木星、水星、火星、土星和地球。现在这一传统观念被打破了。

威廉·赫歇尔，这位英籍德国人发现新行星后，被英国皇家学会授予科普利勋章，并被选为英国皇家学会会员。英王乔治三世鉴于威廉·赫歇尔的重大成就，特别奖给他 200 英镑的年俸，还给他大笔观测费用和设备。从此以后，赫歇尔再也不必为穿衣吃饭发愁了，他把全部的精力都投入到了天文学事业中。

天王星的发现，给宗教神权又一次致命的打击，为哥白尼的"日心说"增添了科学证据。这一发现开阔了天文学家的视野，使行星天文学跨进了一个新的历史时期。赫歇尔成为他那个时代最重要、成就最大的天文学家。

1782 年，英王乔治三世聘他为宫廷天文学家。同年，他从巴斯迁居达奇特，并完全致力于天文学的研究。1786 年定居于斯劳。1787 年制成一架焦距 6 米的反射望远镜。1789 年又制成一架焦距 12 米，口径 122 厘米的大型望远镜（他一生制作望远镜达数百架之多）。他用这些望远镜获得了许多重要发现。

1800 年，赫歇尔用灵敏温度计研究光谱里各种色光的热作用时，把温度计移到光谱的红光区域外侧，它的温度上升得更高，说明那里有看不见的射线照到温度计上，这种射线后来就叫作红外线。

由于赫歇尔发现了太阳光中的红外辐射，并推测出这种辐射的性质，从而创立了天文学中的一门新学科——彩色光度学，成为人类第一个发现大自然中除可见之光外还存在着其他辐射的光。

1821 年，赫歇尔成为英国皇家天文学会第一任会长。次年 8 月 25 日，他在斯劳逝世。

除上述之外，赫歇尔还先后做出三份"双星表"及 2 500 个星云和星云团，发现了天王星的两颗卫星和土星的两颗卫星，发现了太阳

的空间运动，提出了银河系的形状假说，并用统计恒星数目的方法，证实了银河系为扁平状圆盘的假说。他企图测量银河系的大小，但没有成功。虽然他曾错误地认为银河系的深度是"不可测量的"，但他创立了恒星天文学的研究方法。

由于他对恒星及恒星系的研究做出了巨大的贡献，被人们称为"恒星天文学之父"。值得一提的是，他的妹妹和儿子也都是英国著名的天文学家。

第三章

学生物理发现的启迪

1. 阿基米德定律的发现

现在人们常听到"尤里卡"一词，*20* 世纪 *90* 年代初法国总统密特朗提出过"尤里卡"计划，美国最大的太空计划也称作"尤里卡计划"。"尤里卡"是什么意思呢？"尤里卡"是希腊语的音译，中文意思是"我找到了。"

这样一句普普通通的话被现代高科技用作代称，是因为它和古希腊一位著名科学家有紧密联系。这位伟大的科学家就是阿基米德（Archimledes，公元前 *287* 年—前 *212* 年）。阿基米德是古希腊数学和力学方面最伟大的人物之一，也是真正有创见的古希腊科学家中的最后一个人。他是古希腊物理学家和数学家，静力学和流体静力学的奠基人，是从实验观测推导数学定律的先驱。恩格斯在《自然辩证法》一书中赞誉他是后古典时期才开始的对科学进行精确的和有系统研究的代表人物之一。

公元前 *287* 年，阿基米德生于西西里岛著名的文化古城叙拉古（今意大利锡拉库萨）。他的父亲是天文学家和数学家。阿基米德 *11* 岁时，被父亲按照当时的惯例送到当时的世界文化学术中心亚历山大里亚城王家学校去学习。学习期间，阿基米德对数学、力学和天文学产生了浓厚的兴趣。在他学习天文学时，发明了用水力推动的星球仪，并用它模拟太阳、行星和月亮的运行及表演日食和月食现象。为解决用尼罗河水灌溉土地的难题，他发明了圆筒状的螺旋扬水器，后人称之为"阿基米德螺旋"。

　　公元前 *240* 年，他回到叙拉古后，受到了国王亥厄洛的赏识，成为国王的顾问，帮助国王解决了生产实践、军事技术和日常生活中的许多实际问题。

　　阿基米德有一句名言："给我一个支点，我可以撬起整个地球。"这句话至少有两个值得注意的地方：第一，阿基米德认为地球和月亮、星星一样是圆球状的；第二，他从理论上掌握了杠杆原理。其实，阿基米德已经以丰富的想象力把杠杆原理运用到实际问题上了。

　　后来，这话传到了国王的耳朵里。国王为了考验阿基米德的才能，让他把一条刚刚造好的船用简便的方法推下水去。于是阿基米德便设计了一套巨大的杠杆和滑轮机械，借助杠杆原理只要用很小的力量，就可以使很重的物体运动起来。他把一切都做好了以后，将一条绳子的末端交给国王。国王拉了一下绳子，船体竟真的有了轻微的移动。就这样，这条沉重的大船由国王亲自送下了水。全城的人都观看到了这一奇迹，国王立即发出告示："从此以后，无论阿基米德说什么，都要相信他。"

　　阿基米德的著作很多，如《螺线》《论抛物线形的求积法》《论球和圆柱》《论浮体》《论平面图形的平衡》《圆的度量》《论锥体和球体》《沙的计算》等。据现在所知，他失传的著作有《论杠杆》《支持》《原理》和《反射光学》等。*1670* 年，英国牛津出版了《阿基米德遗著全集》。经历了这么多世纪而保留下来的阿基米德的著作，就全部收在这部全集中了。阿基米德的著作是古代精确科学所达到的顶峰。无论在数学领域还是在力学领域，他都是伟大的。

　　他沉溺于科学的思索中，以至于完全忘记他是在什么地方，忘记吃饭、睡觉和休息。他在洗澡时，能长时间沉思默想地用手指往自己涂满泥皂（从沼泽底取出的淤泥，古希腊人用作肥皂）的身上画着各种各样的图形，只有强制才能使他摆脱这种入迷的状态。

国王亥厄洛是一个勇敢善战的人。有一次打了胜仗，为了庆祝胜利，他决定要献给神一顶王冠，于是下令找来了一个高明的金匠来制作。国王的会计官给了金匠必需的金子，不久王冠制成了，它玲珑剔透、金光闪闪，国王非常满意。

但是，人们私下传说金匠并没有把全部金子用到王冠上，而是掺进了一部分银子。国王听了，也起了疑心。他把金冠称一下，和交给金匠的金子一样重，颜色也黄澄澄的，看不出掺进了什么。如果为鉴别真假打碎这个精致的王冠，又觉得可惜。于是他决定让阿基米德来检验。

阿基米德接受了这个任务，回到家里左思右想，一直没想出好办法来。阿基米德思考问题非常专注，让他吃饭，他好像丝毫没听见，继续在火盆灰里画他的图形。他的妻子必须时时看着他，否则他即使在用油擦身时（古希腊贵族中流行的促进卫生和健康的一种方法），也会呆坐着用油在自己的身上画图案而忘记原来要做的事。有一次，他带着满脑子的问题在洗澡。澡盆里装满了水，阿基米德慢慢把身子沉了进去。"哗啦——哗啦"，水不断地溢出来。同时，他觉得自己变轻了，入水越深，这种感觉越明显。以前，谁也没有思索过这个现象的意义。现在，阿基米德一心在寻找解决问题的方法，突然问他一下子从澡盆溢水的现象中受到启发。他意识到从盆子里溢出来的水就等于人体进入水中的体积，如果在容器里装满水，取一块和王冠一样重的纯金，把它与王冠同时放入两个充满水的容器里，如果它们溢出来的水一样多，王冠就一定是纯金的，否则就是掺了银。想到这里，阿基米德忘记了自己在洗澡，猛然跳出澡盆，光着身子跑出来，一边大声喊着："尤里卡！尤里卡！"一边向街上跑，完全不顾赤身裸体、令人难堪的样子，穿过全城，奔向叙拉古王亥厄洛，去把自己的发现告诉他。街上的人们看着他光着身子高喊着跑出来，都以为他疯了。

阿基米德首先测出王冠的重量，然后准备了和王冠一样重的一块纯金和一块纯银，还有一个装满水的容器。阿基米德把纯金块慢慢沉入容器，算出溢出的水量，这些水的体积就是纯金块的体积。再次装满水后，他又把纯银块沉入装满水的容器，于是又得到了纯银块的体积。当然，银块的体积要比金块大。最后，他又把王冠放入装满水的容器，根据溢出的水量测出了王冠的体积。阿基米德把王冠的体积和纯金块与纯银块的体积加以比较，发现王冠的体积比纯金块的体积要大，比纯银块的体积要小，这就证明了王冠不是用纯金制成的，而是用金银混合后制作的。根据测出的结果，他还计算出有多少黄金被换成了白银，终于揭开了王冠之谜。

他对金匠说了自己的测试过程，金匠只好承认了自己的罪行。

其实，阿基米德利用的是流体静力学的基本原理，但在他那个时代人们根本不懂得"比重"这个概念，更不懂得一个物体浸入液体以后，要利用它排开液体的重量。说阿基米德智慧过人也正是在这里。从此，一个被称作"阿基米德定律"的原理被写到了今天的每一本物理学教科书中。

阿基米德一生的发明和科学发现非常多，他发现圆柱体积和其内接球体的体积之比（这个比例为 $3:2$）；他还用内接和外切多边形的方法来测量圆周，逐渐增加多边形的边数，使其逐渐与圆周长相接近。这个渐进的方法证明：圆周长与直径之比，大于 $3\frac{10}{71}$，小于 $3\frac{1}{7}$。这是数学上相当重要的方法——用有理数逼近无理数，叫作"无穷逼近"。

阿基米德口头上虽然不在意他那些机械发明，称它是几何学上的

小玩意儿。但他在机械方面的这些发明给人们带来了相当大的实用价值。大约是他在亚历山大里亚的时候，埃及人请他帮助处理尼罗河河水排灌，他们要他提供一种能使水均衡分配的方法。结果阿基米德发明了一种水螺旋。这种水螺旋大概是一种管子绕成螺旋形，放在水里绕着轴旋转，水便从管中不断流出来。

阿基米德还利用空闲时间造了一些圆球，模仿日月及五大行星（水、火、金、土、木星）的运动制好后，利用水来带动其旋转。他造得非常准确，可以把日食、月食都运转出来。这是世界上最早的天象仪。

阿基米德进入暮年时，新兴起的罗马帝国进攻叙拉古。当时罗马军队已将整个城市包围。看到祖国面临灭亡的危险，阿基米德决心尽自己的全力来拯救祖国。他制造出一种类似现代起重机一样的机械，他用这种机械把罗马的战船抓起来，悬在空中，然后再猛地抛向水面使之沉入海底，或者越过城墙将这些船抓回城里，让叙拉古的士兵把敌人杀死。他还造了一种石弩，把大块石头抛向罗马军队和战船，将敌人砸得叫苦连天。还有一种难以置信的传说是，阿基米德曾让许多人手执凹面镜聚阳光，烧毁了罗马军队的木制战舰。

阿基米德运用他的机械，就将敌人挡在城外。有时连一根绳子抛出城外，也会将罗马人吓得四散奔逃。罗马军队没有办法攻破城池，便改变策略，变强攻为久困长围。叙拉古被围困了整整三年，城中的一切都消耗尽了，没有办法再坚持下去。公元前212年，叙拉古终于向罗马投降了，罗马军队迅即占领了整个西西里岛。当罗马士兵冲进叙拉古的时候，阿基米德还在专心致志地研究他的问题，似乎并没有体会到战争的残酷，也没有听到罗马士兵进城的喊声。直到一个士兵的脚踏乱了他在地上画的图，阿基米德才抬起头来向着他喊："喂，你弄坏了我的图，赶快走开！"结果，他的喊声惹恼了那个无知的士兵，

阿基米德就这样被杀害了。

2. 牛顿发现万有引力定律

凡是学过物理的人都知道万有引力定律，而且知道这个定律是伟大的科学家牛顿发现的。

那么，牛顿究竟是如何发现万有引力定律的呢？

行星绕着太阳转

1543 年，在自然科学史上发生了一件大事，哥白尼发表了他的日心说。哥白尼指出，地球是一颗普通的行星，与其他行星一样，是围绕着太阳旋转的。从此，被宗教神学奉为经典的亚里士多德 - 托勒密的地心说动摇了。

后来，开普勒又发展了哥白尼的日心说，他发现了行星运动的三定律，指出行星不是绕着太阳做匀速圆周运动的，而是沿着椭圆形轨道运行的。

人们自然会提出这样一个问题：庞大的地球为什么会不知疲倦地绕着太阳旋转呢？

17 世纪，伽利略的惯性定律已普遍为人们所接受。伽利略通过实验证明，当物体不受力的时候，将保持静止或匀速直线运动，当受到力的作用时，就会改变速度或运动方向。

于是，人们猜测，一定是有一种力，迫使行星不断地改变方向和速度，使它们不停地绕着太阳旋转。

那时候，人们知道的力除机械力之外，还有一种是磁力，磁石能够穿越空间把周围的铁屑吸引过来。所以，人们首先想到了天体间相互作用的力是磁力。

以研究磁学著称的英国物理学家吉尔伯特提出，太阳和行星之间存在一种类似磁力的引力在起作用，正是这种力使行星绕太阳旋转。他还设想，地球是一个大磁石，地心产生的引力就是这块大磁石作用于周围物体的力。

法国哲学家、物理学家笛卡尔提出了以太说。他认为宇宙间充满了肉眼看不见的以太，在太阳、地球等聚集体周围的以太，围绕着聚集体形成漩涡似的运动，漩涡吸引着四周的物体向漩涡中心运动。

荷兰物理学家惠更斯是笛卡尔以太漩涡说的信奉者。他做过一个实验，在一只盛满水的大碗中搅起一个漩涡，于是，碗内的卵石就被拉到了碗正中的漩涡中心来。

惠更斯在研究摆的运动中，还发现物体沿圆周运动，需要一种向心力，就像我们在绳子一端拴上一个石子，然后拉着它的另一端让石子做圆周运动时，手通过绳子给了石子一个向心力一样，行星绕着太阳运行，也受到一种向心力的作用。惠更斯还推导出了向心力公式。

法国天文学家布里阿德在 1645 年提出了引力与距离平方成反比的思想。

尽管许多科学家已不同程度地揣测到了万有引力的作用，但是没有一个人对万有引力定律做出精确的科学论证，而真正完成这项工作的人是牛顿。

天降大任

牛顿出生在英国林肯郡伍尔索普村一个普通农户家，他的母亲和祖母以几个月前刚去世的他的父亲的名字——艾萨克·牛顿为这个新生的男孩取名。

　　牛顿从小与那些喜欢打打闹闹的男孩子不大合得来，他喜欢安静地思考问题，爱好发明，手工做得特别好，他制作的风车、风筝、日晷、滴漏都十分精巧，因此大家都称他为"小巧匠"。

　　中学时期，牛顿进入离家十多公里的格兰赛姆皇家学校，寄宿在药剂师克拉克家中。当时的药房就像一个小小的化学实验室，牛顿在这里学到了许多化学知识，萌发了对科学的热爱。

　　14岁时，牛顿的家境每况愈下，不得不中途辍学，回家务农。幸亏格兰赛姆的校长和他的舅父都很看重牛顿的才能，认为他应该继续学习，在他们的再三劝说下，牛顿的母亲才让他复学。

　　1661年，牛顿以减费生的名义考上了著名的剑桥大学的三一学院。所谓减费生就相当于现在的半工半读，靠给学院的教授、研究员打工获得奖学金。

　　牛顿入学后的第二年，三一学院设立了卢卡斯讲座，专门讲授自然科学知识。这个讲座的第一任教授是皇家学会会员、博学多才的数学家巴罗。牛顿把巴罗看作是对他一生帮助最大的恩师，是他把牛顿引向了近代自然科学，特别是光学和数学。巴罗对他的这个得意门生非常欣赏甚至崇敬，他常说："我对数学虽略有造诣，但与牛顿相比，只能算个小孩。"后来，巴罗主动把卢卡斯讲座的教授职位让给了牛顿，使刚刚26岁的牛顿成为教授。

　　1665年到1667年，英国发生了可怕的瘟疫。剑桥大学不得不停课，大家都分散到了人口比较稀少的乡下，牛顿也回到了他的家乡伍尔索普村避难。

　　在伍尔索普的这两年，是牛顿一生中创造力最旺盛的时期。牛顿自己曾说过，他的许多重大研究的基本思想，都是在这两年中形成的，以后不过是使这些思想加以发展、完善。正是在这两年间，他发现了

微积分法、白色光的组成，还有著名的万有引力定律。

苹果落地的启示

据牛顿晚年的密友回忆，牛顿曾多次对他们讲过，是苹果落地引发了他对万有引力的思考。

一天，牛顿坐在一棵苹果树下对引力问题进行思考。突然，"扑通"一声，一个苹果从树上落到了他的脚旁。苹果为什么不向上，也不向旁边而总是垂直地落在地面上呢？牛顿陷入了沉思。

苹果落地是重力的结果，也即地球对苹果吸引力的结果。牛顿发现，一个物体的重量不论在地面上还是在高山顶上，都相差不是很大，可见地球引力之大。他设想，重力可以延伸到很远很远，穿越太空，到达月球，把月亮往地球上吸引。

那么月亮为什么不会落到地球上呢？牛顿根据抛物体运动，画了一张画。例如，有一个人站在一座高山上，用不同速度水平地抛出一个物体。抛出物体的速度越小，物体落地点离山脚越近；速度越大，落地点离山脚越远。当速度大到一定程度时，它就不再落回地面上了，而是绕着地球旋转。月亮的情形就是这样，它以 1 000 米 / 秒的速度运行，所以不会落在地球上，成了地球的卫星。

牛顿首先选择了地球和月亮的关系开始研究万有引力，因为月球的轨道是圆的，计算起来也比较方便。

牛顿由开普勒的第三定律和圆周运动向心加速度公式，得出了引力大小与行星质量成正比，与它们之间的距离成反比。这就是万有引力定律。

牛顿算出月亮加速度约为 0.27 厘米 / 秒^2，而苹果落地的重力加速度是 980 厘米 / 秒^2，约是月球加速度的 3 600 倍，而月球与地球间的距离约为地球半径的 60 倍，这就证明了，让苹果落地的力和使

月球保持在它的轨道上的力，都是地球的重力。

不过，当时牛顿并没有公布他的发现，也许他看到了这个问题还有许多难点没有解决，这就为牛顿与胡克对发现万有引力的争论埋下了伏笔。牛顿真正公布万有引力定律，是在 1687 年。

牛顿和胡克的科学竞赛

在牛顿提出万有引力时，还有一些科学家也产生了和牛顿类似的设想，其中有一位科学家就是胡克。他既是牛顿的朋友，又是论敌，在光的波动说与粒子说上他们二人发生过激烈的争论。

胡克也是一位杰出的科学家，他是胡克定律、细胞的发现者，在天文学、医学、物理学等方面有多项发明和发现。

胡克认为引力和磁力很相似。由于吉尔伯特已用实验证明了磁力随物体距离变化而变化，胡克就想寻找引力随距离变化的规律。他在 1662 年—1666 年曾做过实验，把一物体放入深井测重量，再放到高山顶上测重量，进行比较，由于仪器精度限制，没有获得结果。

1664 年，胡克研究了彗星的轨道，指出彗星轨道在靠近太阳时是弯曲的，这是太阳引力造成的。胡克还聪明地看到，物体沿圆形轨道运行有两个分量，一个惯性分量，一个向心分量，惯性分量沿曲线的切线方向作直线运动，向心分量则拉物体偏离直线轨道。1679 年，他曾把这种方法介绍给牛顿，并且在给牛顿的信中还提出引力与距离平方成反比。不过这只是定性的想法，没有严格的定量证明。牛顿没有给他回信。

胡克是英国皇家学会会员。英国皇家学会有一个惯例，每星期三下午，学者常聚集在一家咖啡馆自由交谈。1684 年初的一个星期三下午，胡克与年轻的天文学家哈雷及皇家学会创始人之一、圣堡罗教堂和格林威治天文台的设计人、建筑学家雷安聚在一起，探讨着行星

67

的运动。

他们三个人达成一致见解，都认为行星通过一种力被太阳吸引，这种力与行星至太阳距离的平方成反比，他们也都认为开普勒的行星运行三定律是正确的，那么现在的关键是如何根据引力与距离的关系来证明行星运动轨道是椭圆形的。

雷安宣布，谁要是能够给出证明，他就奖励谁。胡克当即表示，他可以给出证明。可是，几个月过去了，胡克却迟迟拿不出证明。

到了8月，哈雷等得不耐烦了。他听说牛顿也在研究这一问题，而牛顿已是当时有名的数学家，于是哈雷便去登门拜访牛顿。

哈雷问牛顿"假如一个行星受到一个和距离成反比的力的吸引，那它应当是以怎样的曲线运动呢？"牛顿不假思索地回答："椭圆。"哈雷又惊又喜，他问牛顿："你是怎么知道的？"牛顿漫不经心地说："我以前计算过。"哈雷要求看看他的计算。牛顿找了一会儿，没有找着，于是许下诺言："我再计算一次，然后把结果寄给你。"

1684年11月，牛顿把椭圆轨道计算寄给了哈雷，哈雷立即意识到这份论文的重要意义，他再次来到剑桥大学拜访牛顿。这时牛顿已写出《论物体运动》的小册子，哈雷说服牛顿公布他的研究成果，并以这本小册子为基础，再写一本书。

在哈雷的热情鼓励和敦促下，牛顿开始了他的不朽著作《自然哲学的数学原理》的写作。牛顿陷入极度的冥思苦想之中，连对自己吃没吃饭也记不清楚，有时，衣服只穿了一半就一整天失神地坐在床沿上。他极少离开房间，只有以卢卡斯教授身份讲课时才离开。牛顿只要有一小时不看书就认为是浪费了光阴。他很少在夜里二三点前睡觉，常常在凌晨四五点才上床休息，一天只睡四五个小时。

1686年4月，牛顿完成了《自然哲学的数学原理》第一卷。这

本书原定以皇家学会的费用出版，但因未筹措到足够的资金，印刷被推迟了。哈雷决定自己出钱支付印刷费用。

在书付印前，胡克以曾向牛顿提示过平方反比定律为由，向牛顿提出异议。其实他也高度评价牛顿的成就，只是希望在其著作中承认自己的贡献。经过哈雷调停，这场风波才算平息了。

这部奠定了现代物理学基础的经典著作《自然哲学的数学原理》于 1687 年正式出版，它分为三卷。牛顿首先确定了质量、动量、惯性和力的基本概念，在概括和总结前人研究成果的基础上，通过自己的观测和实验，提出了运动三定律：惯性定律、第二运动定律、作用与反作用定律。这三条定律和万有引力定律一起共同构成了宏伟壮丽的力学大厦的主要支柱。

在这部书中，牛顿从数学上论证了万有引力定律，指出在万有引力作用下，物体运动轨迹有 3 种，当行星最初速度不很大、离太阳不很远时，是椭圆轨道；当最初离太阳很远或速度很大时，就是抛物线轨道或双曲线轨道，这样的物体仅仅在太阳附近出现一次，以后便永远消失了，偶尔到太阳系作客的彗星就是这种轨道。

牛顿还用太阳引力与月球引力解释了地球上的潮汐运动。

在发现万有引力的这场科学竞赛中，牛顿把所有的对手都远远抛在了后边，这是因为他在科学思想与科学方法上比其他人都高出一筹。他有丰富的想象力，从苹果落地联想到月球受重力的影响。他善于将错综复杂的自然现象进行简化，例如在有太阳、行星、卫星组成的太阳系中，引力作用很复杂，牛顿分别考虑日—地、月—地关系，并把天体作为没有体积的质点来计算。他发展了伽利略的实验，先建立物理和数学模型，然后进行数学推导，得出结论，再经受实践的考验。同时，他掌握当时最先进的数学方法——微积分法，别人或由于思路

不对，或因为数学上的障碍都没有获得成功。

万有引力定律的胜利

在牛顿发现万有引力定律后不久，天文学研究所取得的一个个成就，惊人地证明了万有引力定律的正确性。

在证实万有引力定律方面，哈雷又立了大功。

哈雷是一个对彗星很有研究的天文学家。拖着长长尾巴、出没不定的彗星一向让人感到神秘莫测，人们对它们的了解很少。哈雷注意到 1531 年、1607 年、1682 年出现过的三颗彗星轨道基本上是重合的。因此，他大胆猜想，这出现在不同时期的三颗彗星其实是一颗彗星，它的周期大约是 76 年。哈雷还根据万有引力定律，计算出了这颗彗星的长椭圆轨道，并预言它将在 1758 年在地球附近出现。哈雷还对另外 24 颗彗星的轨道进行了计算。

1758 年，哈雷预言的这颗彗星果然出现了，整个欧洲为之轰动，万有引力定律经受住了实践的考验。

哈雷本人没有看到这次彗星的出现，他那时已经去世了。为了纪念哈雷对彗星研究做出的贡献，这颗彗星就被命名为哈雷彗星。

海王星的发现是万有引力定律取得的最辉煌的一次胜利。

1781 年，英国天文学家赫歇耳发现了天王星。半个多世纪以来的观测表明，天王星的实际轨道与用万有引力计算出来的轨道不大一致，是什么原因呢？难道万有引力定律错了吗？

英国剑桥大学的大学生亚当斯坚信，天王星轨道的不规则性不是万有引力定律失灵，恰恰是其他行星的万有引力引起的。他利用万有引力定律和对天王星的观察资料，反过来推算这颗未知行星的轨道。

亚当斯把他经过两年多艰苦计算的结果寄给了格林威治天文台台长艾利，但艾利不相信"小人物"的工作，把它扔在一旁。

1846 年，法国巴黎天文台的青年天文学家勒维烈也应用万有引力定律，独立的计算出这颗新星的位置，他把结果告诉了德国天文台助理员加勒。

加勒按照勒维烈指示的方位，用望远镜寻找，9 月 23 日，果然发现了一颗暗淡的新行星，这就是海王星，其位差不超过一度。

后来，人们又发现海王星的轨道也不规则，用同样的办法，1930 年，人们又发现了海王星以外的新行星——冥王星。

天狼伴星的发现是又一生动事例。1834 年，贝塞尔观察天狼星时，发现它的运动轨迹是波浪形的，他用万有引力定律进行了详细的计算，并预言天狼星旁边应当有一颗天狼伴星，正是这颗星的振动造成了天狼星轨道的波浪形。在他死后 16 年的 1862 年，美国克拉克把新制成的 18 英寸望远镜对准天狼星时，果然发现了这颗天狼伴星。

经过天文学上这一系列事实的检验，万有引力定律得到了人们普遍的承认，成为指导人们进行科学研究的有力武器。

测出万有引力的大小

既然任何两个物体间都存在着万有引力，为什么我们走近桌子、房子等物体时，感觉不到这个力呢？原因是这个力实在太小了，我们的感觉器官无法感觉出来。还有许多科学家都设计过许多实验，想测出两个物体间的万有引力，但是都没有成功。

那么，能不能根据万有引力公式 $F=G\dfrac{M_1M_2}{R^2}$ 计算出这两个物体间的万有引力来呢？也不行，因为当时还没有测出万有引力常数 G 的值。

这个问题是在牛顿之后一百多年的 1798 年，由英国物理学家、化学家卡文迪许解决的。

卡文迪许从十几岁起就想测出万有引力常数来。有一次，他得知

一个叫米歇尔的科学家用一根石英丝吊住一条磁铁，然后用另一块磁铁吸引它，石英磁被扭转了，这样就测出了磁力的大小。

卡文迪许用一根细长棒，两端各安一个小铅球，做成哑铃状的东西，用石英丝把"哑铃"吊起来，然后用两个大铅球靠近这两个小铅球，想测出引力的大小，结果什么也没测出来。

正当他为解决这个问题而苦恼时，他看到几个小孩手拿小镜子来反射太阳光，互相照着玩。镜面偏转一个很小角度，远处光点的位置就会偏转很大角度。

卡文迪许灵机一动，他把一面小镜子固定在石英丝上，让光点反射到一个刻度尺上，这样，只要石英丝有极小的扭动，反射光就会在刻度尺上显示出来。

这次，他再用两个大铅球去靠近两个小铅球，果然成功了，石英丝扭转的角度显示了出来。这就是著名的扭丝实验。他又用其他办法测出了石英丝扭转同一角度所需要的力，轻球与重球之间的万有引力就被测出来了。这个力非常小，两个 *1* 公斤的铅球在相距 *10* 厘米时，它们之间的引力只有十亿分之一公斤。

测出了引力，根据万有引力公式就可以算出万有引力常数了。卡文迪许得到的引力常数 $G=6.754\times10^{-11}N\cdot m^2/kg^2$，与现代测定的数据 $G=6.667\times10^{-11}N\cdot m^2/kg^2$ 非常接近。

有了万有引力常数，用万有引力公式就可以算出地球的质量了。因为地球对已知物体的吸引力，就是物体的重力，地球和物体的距离，就是地球的半径，卡文迪许成了第一个称地球重量的人。

站在巨人的肩膀上

牛顿发现了万有引力定律，创立了经典力学体系，在科学史上做出了划时代的贡献。牛顿的名字，被人们看作是近代自然科学的象征。

他在数学、光学、热学等研究中也都取得了卓著的成就。这一切与牛顿的天赋、勤奋分不开，但不能完全归功于他个人的聪明才智，正像牛顿自己所说的那样："如果说我看得远，那是因为我站在了巨人的肩上。"

在力学与天文学方面，由于伽利略、开普勒、胡克、惠更斯等人的工作，牛顿才有可能建筑起他宏伟壮丽的力学大厦，他们为他提供了建筑的材料。牛顿的力学是经历了许多人的研究才得以诞生的，它是集体智慧的结晶，牛顿正是这个人类理智历史转折点上众多科学家的代表。

牛顿在临终之前，总结自己一生所走过的道路时说："我不知道在世人眼里我是什么样的人，但是在我自己看来，我不过像是在海边玩耍的孩子，为不时拣到一块比较光滑的卵石、一只比较漂亮的贝壳而喜悦，而真理的大海在我面前，一点也没有被发现。"

这当然是牛顿的谦虚之说。但是有一点是确实的，牛顿力学并不是力学的尽头，其对万有引力的认识也没有到头。

牛顿自己也承认，他并不清楚引力的本质是什么，产生引力的根源是什么。这就为后代的科学家留下了一系列有待进一步探索的问题。

20 世纪，爱因斯坦发现了相对论，对牛顿力学体系发出了挑战。

爱因斯坦在广义相对论中提出，不存在瞬间超距传递的引力，所谓的引力只不过是时空的一种特性，物体的质量决定了时空的弯曲程度，从而使行星沿着弯曲的空间运行。

广义相对论得到了许多实验的验证。这是不是说牛顿的力学错了，不能用了呢？不是的。在低速运动中，牛顿的力学和相对论并不矛盾，仍是适用的。今天，从机械设计到宇宙飞行，都还是在用牛顿力学体系，

只有当速度大到可以和光速相比拟时，才必须抛弃牛顿体系，改用相对论。

迄今为止，人们还没有发现与广义相对论相矛盾的实验，但是，相对论是否就到头了，就没有问题了呢？不是。像广义相对论所预言的引力波，至今人们还未发现，人们还不能最后断定，广义相对论就是引力之谜的谜底。

人类对引力的认识还远未穷尽，还有许多问题等待着今天的和未来的科学家去探索。

3. 发现燃烧的秘密

因为有了火，在万物不断进化的竞争中，人类终于脱颖而出成了自然界的精灵。然而物质为什么会燃烧？火到底是什么？这些疑问始终在人们头脑中萦绕。

一直到了 18 世纪下半叶，法国塞纳河畔的一位化学家终于揭开了火的神秘面纱，建立了科学的燃烧理论。他就是安图瓦·拉瓦锡（Antoine-Laurent Lavoisier，1743 年—1794 年），法国化学家，1774 年发现氧气，1783 年揭示"水是氢和氧的化合物"，其一生为推翻支配化学发展长达百年之久的燃素说努力，为现代化学奠定了基础，被称为"近代化学之父"。

1743 年 8 月 26 日，拉瓦锡生于巴黎。11 岁时，拉瓦锡进入当时巴黎的名牌学校，接受良好的启蒙教育。少年的拉瓦锡爱上了自然科学，在校时一直热心钻研自然科学问题，并逐渐加深了这方面的兴趣。

1763 年拉瓦锡获法学学士学位，并取得律师开业证书。*21* 岁时，他转向自然科学研究，拜法国著名科学家为师，刻苦学习了数学、天文学、地质矿物学、植物学和化学等，打下了深厚的基础。

拉瓦锡起初从事地质学研究，后来，他又转而学习化学。从一开始，拉瓦锡就以精细缜密、一丝不苟的态度，吃苦耐劳、勤于思考的精神对待科学研究。这些优秀品质使他攻破了许多科学难关，为他成为出色的科学大师奠定了基础。

18 世纪中叶，法国城镇的市政建设还是相当落后的，城市街道的照明主要采用燃油灯。每天傍晚需要一个人拿着长杆去点燃，第二天清晨再由人去熄灭，既麻烦又不经济。昏暗的街灯常常使飞奔的马车与行人相撞，频繁发生交通事故。*1765* 年，法国科学院以巨额奖金征集一种使街灯既明亮又经济的设计方案。

拉瓦锡通过大量实验，提交了自己的设计方案。虽然没有获得奖金，但他的设计方案构思精巧，论证清晰合理，因而被特别授予优秀设计方案的金质奖章。隆重的颁奖仪式和激动人心的科学研究成绩，使拉瓦锡坚定了终生从事科学探索的信念。

这一年，他当选为巴黎科学院候补院士。

他最早的化学论文是对石膏的研究，发表在 *1768* 年《巴黎科学院院报》上。他指出，石膏是硫酸和石灰形成的化合物，加热时会放出水蒸气。

1775 年，拉瓦锡出任皇家火药局局长，火药局里有一个相当好的实验室，拉瓦锡的大量研究工作都是在这个实验室里完成的。

拉瓦锡从事的科学研究是以研究街灯的形式开始的，这使拉瓦锡接触到了燃烧及其现象问题。

早在拉瓦锡之前的一百多年，人们已经提出了一种关于燃烧的理

论，认为燃烧是"火素"放出的过程。当燃烧时火焰是向上飞腾离去的，其中夹杂的许多火星就是火素，也叫做"燃素"。许多物质如木材、纸张、煤炭和油类中都含有大量燃素，一旦燃烧就集中释放形式猛烈的火焰。事后剩余的灰烬远远少于可燃物燃烧之前的重量，这就是燃素放出的结果。

当时人们把这种观点叫做"燃素说"。它统治化学界长达一百多年之久。然而，社会生产技术的发展和科学研究的日益深入，使燃素说暴露出许多破绽。例如：燃烧木材和煤炭之类的东西，重量呈减少的状态；燃烧锡或铅等金属非但重量没有减少，反而出现增重现象。这就迫使人们重新审视燃烧理论。

拉瓦锡详尽收集了前人关于燃烧的研究成果，加以认真地审视和分析，经过长时间的研究，拉瓦锡发现了以前人们忽视的一个问题：加热燃烧金属增重的原因是吸收了空气。

接着，拉瓦锡在三四年的时间内，连续进行了大量的关于燃烧和气体方面的实验。他用金属锡、铅和水银做实验，再用非金属硫磺、磷做实验，还用有机物做实验。他逐渐把注意力集中在空气中有某种助燃气体能够与金属结合使其增重上，这究竟是什么样的物质呢？他在努力探索着。

1774年4月，拉瓦锡发表了论文，用实验论证了金属能与空气中的某种物质相结合的事实。但他始终苦于找不到将它分离出来的方法。

拉瓦锡家境富有，比科学界的多数同事的状况优越得多。妻子玛丽乐善好施，拉瓦锡也毫不吝啬。因此，拉瓦锡家成了法国甚至欧洲著名的"科学沙龙"，法国的科学家愿意到这里聚会畅谈，外国科学友人也乐于来这里造访逗留。

1774 年 10 月，在拉瓦锡家的"科学沙龙"上，英国化学家普利斯特利介绍了自己做的一个实验。原来，普利斯特利用口径很大的聚光火镜加热汞灰（即氧化汞）时，搜集到一种助燃作用极强的气体，他将这种气体取名叫"脱燃素空气"。这种气体使蜡烛燃烧得更明亮，还能帮助呼吸。这就是我们现在说的氧气。但是普利斯特利一直坚信燃素说，所以他虽然发现氧气，却没有揭开燃烧的奥秘。

拉瓦锡重复了普利斯特利的实验，得到了相同的结果。拉瓦锡并不相信燃素说，所以他认为这种气体是一种元素。难能可贵的是，拉瓦锡又用制得的气体逆向重新和汞作用，结果又生成了汞灰。于是，拉瓦锡明白了，燃烧就是可燃物通过水分解得到两种气体，再将这两种气体燃烧又得到水。

实验使他弄清了空气是由氧气和氮气组成的原理。火的产生就是可燃性物质与空气中氧元素相结合的结果。从此，他确立了科学的燃烧理论，推翻了燃素说。1777 年，拉瓦锡正式把这种气体命名为 oxygen（中译名"氧"），含义是"酸的元素"。同年，拉瓦锡向巴黎科学院提出了一篇报告《燃烧概论》，阐明了燃烧作用的氧化学说，要点为：

①燃烧时放出光和热。

②只有在氧存在时，物质才会燃烧。

③空气是由两种成分组成的，物质在空气中燃烧时，吸收了空气中的氧，因此重量增加，物质所增加的重量恰恰就是它所吸收氧的重量。

④一般的可燃物质（非金属）燃烧后通常变为酸，氧是酸的本原，一切酸中都含有氧。金属煅烧后变为煅灰，它们是金属的氧化物。

他还通过精确的定量实验，证明物质虽然在一系列化学反应中改变了状态，但参与反应的物质的总量在反应前后都是相同的。于是拉瓦锡用实验证明了化学反应中的质量守恒定律。

虽然在今天看来，拉瓦锡的一些结论是错误的，但是，他的实践仍然是革命性的。拉瓦锡的氧化学说彻底地推翻了燃素说，揭开了燃烧的奥秘。他创立了燃烧理论，为人类做出了巨大贡献，使化学开始蓬勃地发展起来。许多科学家盛赞拉瓦锡为"近代化学之父"，将拉瓦锡伟大的化学实践视为推翻"燃素说"的一场"化学革命"。

1794 年 *5* 月 *8* 日，作为近代化学奠基人之一的拉瓦锡于巴黎去世。

4．电磁理论的发现

英国剑桥大学的世界知名数学家霍普金斯教授连续几天来都感到很烦躁：接连几次到图书馆去借数学期刊和专著，都被人借走了。这些书刊很深奥，学生是不会借的。他问过同事，也都说没有借。最后他问到图书管理员，才知道被一名叫做詹姆斯·麦克斯韦（James Clerk Maxwell，*1831* 年—*1879* 年，伟大的英国物理学家，建立了电磁理论，将光、电、磁现象统一起来）的学生借走了。

霍普金斯由烦闷转为惊异，他要去见见这个学生。来到学生宿舍，科学家特有的直觉使霍普金斯对这位学生产生了浓厚的兴趣，他正埋头于作业，笔记本摊了一桌子，教授想借而没有借到的书刊展开在桌子上。

"小伙子，这些书不好啃呢，小心啃掉牙齿。"教授风趣地说。经过这次交谈，教授和学生成了忘年交。麦克斯韦的非凡才能引起了教授的重视。

1731 年 6 月 13 日，詹姆斯·麦克斯韦生于苏格兰古都爱丁堡。幼时随父乡居，在父亲的诱导下学习科学，不满 10 岁就随父到爱丁堡皇家科学院听演讲。9 岁那年，母亲不幸得了重病，扔下小麦克斯韦撒手归西。从此以后，小麦克斯韦和父亲相依为命，度过了艰难困苦的少年时代。他自幼对数学、物理学产生了浓厚兴趣，尤其喜欢钻研数学。当麦克斯韦还不满 15 岁时，他写的一篇数学论文就发表在《爱丁堡皇家学会会报》上，并且获得了行家的好评。这是一门数学和物理学相互交叉渗透的学科，运用数学理论来解决物理方面的问题。

麦克斯韦 16 岁时进入爱丁堡大学，3 年后转入剑桥大学投师霍普金斯教授门下研习数学。霍普金斯教授是剑桥的著名科学家，他学识渊博、功底深厚，培养过不少世界知名的学者、科学家，在科学技术上有多方面成就的威廉·汤姆逊（即著名的开氏温标的创始人开尔文勋爵）和著名数学家斯托克等人，都出自霍普金斯教授的门下。霍普金斯教授对麦克斯韦要求极其严格，对他进行了系统的训练。麦克斯韦的学习和科学研究进步很快，仅仅 3 年时间就掌握了当时欧洲所有先进的数学物理方法。

1854 年以优异成绩毕业于该校三一学院数学系，留校任职两年。 一次，他阅读了法拉第的《电学实验研究》一书，读着读着就被书中的奥秘给迷住了。它记录了法拉第一生从事电磁学研究的全部实验结果，其中也包含了法拉第深刻的思考。

麦克斯韦受到这位电磁学先驱的深刻启示，日夜刻苦研读法拉第的著作，悟出了电磁力线思想的宝贵价值，同时也看到了法拉第定性表述电磁现象方面的弱点。初出茅庐的青年数学家麦克斯韦决心用数

学定量表述来弥补这一缺陷。

1855年，24岁的麦克斯韦发表了学术论文《论法拉第的力线》。这是麦克斯韦第一篇关于电磁学理论方面的论文，麦克斯韦向电磁学理论的纵深领域挺进。

这年秋季，因公来到伦敦的麦克斯韦特意前来拜访法拉第，这是一次历史性的会见。年轻的物理学家恭敬地递上名片，连同他4年前发表的学术论文交给了仆人。过了一会儿，法拉第满脸笑容地走了出来。这时，这位电磁学实验大师已年届70岁，两鬓斑白，智慧的眼睛闪烁着和善的目光。虽然宾主二人年龄相差40多岁，在性情、爱好、志趣、特长等方面也迥然各异，但是在探索自然科学之谜上，他们却产生了共鸣。

法拉第和麦克斯韦一见如故，很快就亲切热烈地交谈起来。法拉第快活、和蔼，麦克斯韦严肃、机智。老师待人如一团温暖的火，学生处事像一把锋利的剑。麦克斯韦说话不善辞令，但一针见血；法拉第演讲娓娓动听，却主题鲜明。一个不很懂数学，另一个则应付自如。

1856年，麦克斯韦到苏格兰阿伯丁的马里沙耳学院任自然哲学教授，两年后和院长的女儿结婚。1860年，他向其母校爱丁堡大学申请自然哲学教授职位未成，同年秋季去伦敦任国王学院的自然哲学及天文学教授，并和法拉第时有往来。

麦克斯韦最大的功绩是建立了电磁理论，将光、电、磁现象统一起来。1864年12月8日，麦克斯韦在英国皇家学会的集会上宣读了题为《电磁场的动力学理论》的重要论文。在这篇论文中，他为他的力学模型找到了明确的电磁学依据，对前人和他自己的工作进行了概括。位移电流作为和电荷守恒定律相容的一个前提，在此基础上他提出了联系着电荷、电流和电场、磁场的基本微分方程组。他用一组方程表示电磁场的连续性，另一组方程表示电磁场变化及其相互影响，使电磁学以优美的数学形式表达出来。这一方程组经过后人的整理和改写，成为经典电动力学的主要基础。

正是通过这样的数学推论，麦克斯韦预见了电磁波的存在：电磁场的变化以波的形式在空间传播。他还运用方程组推算出电磁波的速度和光速大体相同。

按照麦克斯韦的理论，电磁波在真空中的传播速度，是仅仅通过电磁学的测量就能确定下来的一个恒量。测量的结果表明这一恒量和真空中的光速十分接近。在这种量值符合性的启发下，麦克斯韦提出了光的电磁理论，即认为光是频率介于某一范围之内的电磁波。这是光的波动学说的一种新形式，它避免了旧的光学理论中一些根本性的困难，而且在很大范围内得到了实验的证实。因此，尽管新理论也有它自己的困难，但是这种理论的提出却被认为是人类在认识光的本性方面的一大进步。正是在这样的意义上，人们才说麦克斯韦把光学和电磁学"统一"起来了。这一发展被认为是在 19 世纪科学史上最伟大的综合之一。

1865 年他辞职回乡，专心治学和著述。1871 年他受聘为剑桥大学实验物理学教授，负责筹建该校的第一所物理学实验室——卡文迪许实验室，1874 年该实验室建成后他担任第一任主任。1873 年，麦克斯韦出版了集电磁学大成的划时代著作《电磁学通论》，全面总结了 19 世纪中叶以前对电磁学的研究成果，建立了完整的电磁理论体系。这是一部可与牛顿的《自然哲学的数学原理》、达尔文的《物种起源》相媲美的里程碑式的不朽名著。

1879 年 11 月 5 日，麦克斯韦在剑桥逝世。他的功绩生前未受重视，直到 1888 年，即他逝世 9 年以后，物理学家赫兹通过一系列实验证实了电磁波的存在，人们开始惊羡麦克斯韦的天才预想。至此，由法拉第开创、麦克斯韦完成的电磁理论终于取得了决定性的胜利。

5．相对论的发现

一次不寻常的日全食观测

1919 年 *5* 月 *29* 日，发生了人类历史上一次不寻常的日全食观测。

两支日食观测队，一支由天文学家爱丁顿带队，一支由天文学家克劳姆林带队，从英国出发，漂洋过海，分别来到了非洲西部的普林西比岛和南美的索布腊尔，他们严阵以待，等待着一个盼望了多年的庄严时刻的到来。

中午，太阳一点点被月亮遮住了，天渐渐暗了下来。天文学家用早已准备好的精密照相设备，抓紧 *302* 秒的日全食机会，一张接着一张地拍照。不过，他们不是像通常那样拍摄日食时太阳的日珥、日冕的照片，而是拍摄太阳及其附近星星的照片。

1911 年，爱因斯坦根据相对论预言，由于太阳的引力场作用，星光在接近太阳表面时将发生偏转。*1915* 年，他又更精确地把偏转角度更正为 *1.7* 秒。

怎样才能检验爱因斯坦的预言呢？白天，阳光照耀，看不见星星，夜晚，星星出来了，太阳又下山了，只有在日全食时，才有可能看到紧挨着太阳的星光。现在这个时刻来了。如果观测的结果真的像爱因斯坦预言的那样的话，那么 *200* 多年以前，伟大的科学家牛顿所提出的万有引力定律就必须修正了。

1919 年 11 月 6 日，英国皇家学会和皇家天文学会在伦敦举行联席会议，听取两支日食队的正式报告。他们的观测结果表明，星光在路过太阳附近时真的拐弯了，一个队的观测结果是偏转了 1.61±0.30 秒，另一个队的结果是偏转了 1.98±0.12 秒，与爱因斯坦的预言相当吻合。

整个会场沸腾了。英国皇家学会会长、电子的发现者汤姆孙致词，他说："爱因斯坦的相对论是人类思想史上最伟大的成就之一……这不是发现了一个孤岛，而是发现了新的科学思想的新大陆。"

这一评价毫不过分。爱因斯坦的相对论结束了牛顿经典物理学的统治，开创了现代物理学的新纪元。它从根本上改变了人们对空间、时间和宇宙的认识。相对论已成为现代物理学的两大基石之一，对现代科学的发展产生了巨大的影响。

爱因斯坦是怎样发现相对论的呢？

物理学上空的两朵乌云

19 世纪末，在许多物理学家的眼中，物理学已发展到了登峰造极的地步，不会再有什么大的突破了。在迎来 20 世纪第一个春天时，久负盛名的物理学家、英国的开尔文爵士在他的《新年献词》中就踌躇满志地宣布："科学的大厦已经建成，后辈物理学家能做的仅仅是一些零星的修补工作"。

不过，开尔文指出："在物理学晴朗上空的远处，还存在两朵令人不安的小小乌云。"他所指的两朵乌云与当时用经典物理学无法解释的两个实验有关，一个是黑体辐射实验，一个是迈克尔逊 - 莫雷实验。

在开尔文的心目中，这两朵乌云很快就会散去，他完全没有料到，竟是这两朵小小的乌云酿成了物理学上的大革命，前一个促成了量子

论的诞生，后一个迎来了相对论的问世。

提起迈克尔逊 - 莫雷实验，我们还要从寻找神秘的以太谈起。

以太这个词是古代希腊人创造的。他们认为天空和宇宙中充满着以太。随着元素说的兴起，以太说渐渐为人们所淡忘。

17 世纪，法国科学家笛卡尔把以太这个词引到了物理学中。他认为宇宙空间充满着以太，物体之间的相互作用就是通过以太为媒介传递的。

光的波动学说的成功使以太说更加兴盛起来。声波要靠空气才能传播，水波要靠水来传播。太阳光穿过宇宙空间照到地球上也要靠媒质来传递，这个媒质就是以太。

法拉第和麦克斯韦建立的电磁理论中又一次引入了以太，电磁波要靠以太来传递。

那么以太究竟是什么样的呢？谁也没有见过。科学家赋予了以太种种奇特的性质：它是无色、透明、静止的，充满整个宇宙空间；由于光波是一种横波，而只有固体媒质才能传播横波，因此以太必须是固态的；行星在以太中运行，没有受到任何影响，因此以太是没有任何质量和摩擦阻力的……

这些性质本身就是相互矛盾的，可是科学家仍然不愿意放弃以太，不仅因为它是光和电磁波传播的媒质，而且因为它是牛顿绝对空间的化身。

牛顿认为，存在一个与外界事物无关，永远相同和不动的绝对空间。宇宙万物包括太阳系、银河系等都相对于这个绝对空间而运动。以太是静止的，充满了整个宇宙空间，它正是牛顿绝对空间的化身。

物理学家做了种种实验和天文观测，想要验证以太的存在，并确定它的属性，但是都没有能够得到确切的结论。

迈克尔逊实验引起的风波

1879 年 *3* 月，在美国航海历书局进行合作研究的美国年轻物理学家迈克尔逊，偶然看到了麦克斯韦写来的一封信。信中提到的测量地球相对以太运动的想法给了他很大启示。迈克尔逊想出一个巧妙的办法来测定地球相对于以太的运动：既然地球绕着太阳以每秒约 *30* 公里的速度运转，那么朝地球运动的方向和与它垂直方向同时各射出一束光，从离光源相同距离的反射体反射回来，前者走过的路程将比后者短一些，两束光相遇应当形成干涉条纹。迈克尔逊用他发明的干涉仪做了多次实验，始终没有看到他预期的干涉条纹。

1887 年，迈克尔逊在化学家莫雷的帮助下，进一步改进了实验装置，他们把干涉仪安装在一个很重的石板上，石板悬浮在水银液面上，仪器可以十分平滑地随意转动。这个仪器是那样灵敏，甚至可以测出植物每一分钟的生长量，一根条纹百分之一的移动变化。

实验开始了，为了免除种种可能因素造成的误差，他们使光束射出的方向与地球运动的方向成各种角度，在一年中的各个季节、白天和黑夜的不同时间进行了许多观测，结果每一次都没有出现干涉条纹，也就是说，地球相对于以太的运动是零。

实验的零结果公布后，在物理学界引起了震动，它表明了根本不存在以太。那么牛顿所说的绝对空间也不复存在，经典物理学面临着严重的危机。

为了拯救岌岌可危的以太，以支撑行将倒塌的经典物理学大厦，物理学家提出了各种各样的假说。

爱尔兰物理学家斐兹杰惹提出了收缩说，认为当物体在以太中运动时，它的长度会在运动方向上发生收缩，这样迈克尔逊的仪器在指向地球方向时会缩短，正好抵消了互相垂直的两束光的光程差。

荷兰物理学家洛仑兹不仅提出了收缩论，还推导出了后来相对论中使用的基本公式洛仑兹变换公式。不过洛仑兹是以以太这一绝对空间的存在为前提，为了弥补旧理论和新的实验事实之间的裂纹，他不得人为地提出了好几个假设。

法国物理学家彭加勒更激进，他大声疾呼，应该建立一门崭新的力学，在这门力学中光速将成为一个不可逾越的障碍，物理定律对于洛仑兹变换应具有不变的形式。

这一切表明产生狭义相对论的历史条件已经成熟了。洛仑兹、彭加勒已经走到了相对论的大门口，但是由于他们没有摆脱牛顿绝对时空观的束缚，因而没能叩开相对论的大门。

1905 年，一个默默无闻、既无名师指点，又不在专门研究机构工作的 26 岁的年轻人打开了相对论的大门，他就是伟大的科学家爱因斯坦。

爱因斯坦为什么能战胜许多物理学界的前辈而捷足先登呢？让我们循着他的成长道路看一看吧。

另类学生

爱因斯坦于 1879 年 3 月 14 日诞生在德国南部的一个古老小城乌尔姆。他的父母都是犹太人，父亲和叔父一起开了一家小工厂。

爱因斯坦小时候不但不是一个神童，而且还被人看作是一个笨拙的、反应迟钝的孩子。他 4 岁才学会说话，小学时功课也不出色。有一次他的父亲问校长，这孩子长大应该选择什么职业，校长回答："干什么都一样，反正他决不会有什么成就。"

爱因斯坦的叔叔是一个精明的工程师，曾把毕达哥拉斯定理（勾股定理）告诉爱因斯坦。12 岁的爱因斯坦虽然从没学过几何，但他苦思冥想，竟然独立地把这个两千多年前哲人提出的定理证明出来了，

他第一次尝到了发现真理的快乐。

中学时代，爱因斯坦的数学和物理知识远远超过了同年级的孩子，其他各科却成绩平平。他特别讨厌德国中学那种把人当做机器、强迫训练的教学方式，他的许多知识都是靠家庭中自学学到的。有一个叫塔尔梅的大学生，非常喜爱这个长着棕色大眼睛的小弟弟，经常和他讨论问题，并借给他许多自然科学与哲学的书籍。爱因斯坦发现，在人类之外，有一个巨大的独立的世界存在着，它像一个永恒的谜，吸引着爱因斯坦去探索。

17 岁时，爱因斯坦进入了瑞士苏黎士联邦工业大学。他的兴趣由数学转向了物理学。他利用课余时间，阅读了当时的物理大师基尔霍夫、亥姆霍兹、赫兹、洛仑兹、麦克斯韦的主要著作，还学习了著名哲学家马赫、休谟、斯宾诺沙的著作，他们的怀疑批判精神深深影响了爱因斯坦的哲学思想。

爱因斯坦不是一个循规蹈矩的学生，他常惹得老师大发雷霆。一次上实验课，大家都在按部就班地操作，突然"砰"的一声响，爱因斯坦的手被炸伤了。原来，他又是把写有规定操作步骤的纸揉成一团塞在衣袋里，按照自己的想法去做。有的课，爱因斯坦认为不重要就不去听，而是自学他自己认为重要的东西。因此，他的物理老师韦伯曾批评他："爱因斯坦，你绝顶聪明，可惜你有一个缺点，你不让人教你。"

爱因斯坦有一个好朋友格罗斯曼，他与爱因斯坦的不修边幅相反，是一个兢兢业业的学生，笔记记得非常详细。爱因斯坦靠借他的笔记，才应付了许多考试。

奥林匹亚研究院院长

尽管爱因斯坦才华横溢、成绩优异，但由于他是犹太人，更因为

他的直率、不谙事故和独立性格，讨不到老师的欢心，因此他大学毕业就失业了。

还是他的好朋友格罗斯曼帮助了他。格罗斯曼的父亲介绍他去伯尔尼专利局工作。在等待专利局位置空出来的一段时间，爱因斯坦不得不去当家庭教师。

1902年，爱因斯坦登了一则广告，招收听物理学的学生。在伯尔尼大学学哲学的索洛文找到爱因斯坦。他们一见如故，谈起哲学、物理学，是那样投机。

以后每天晚上，他们都聚在一起，读书、讨论和研究。后来另外两个年轻人哈比希特和贝索也加入进来。他们轮流到各人家里聚会，有时也到一家叫奥林匹亚的小咖啡馆聚会。因此，开玩笑地把他们这个小团体叫奥林匹亚研究院，"院长"自然是学识超人的爱因斯坦。

他们的活动往往从吃晚饭开始，一边吃着简单的食品，一边开始闲谈马赫、斯宾诺沙、黎曼、彭加勒的著作，哲学、数学、物理学、文学无所不包。有时，一本书刚念不到一页，就展开了热烈的讨论。爱因斯坦讨论起来是那样专注，有一次朋友们为他准备了他早就想吃的鱼子酱，爱因斯坦一边吃，一边大谈牛顿的惯性定律，鱼子酱吃完了，同伴问他刚才吃的是什么，爱因斯坦回答："不知道呀。"当别人告诉他那是鱼子酱时，爱因斯坦好惋惜呀，连味都没有品出来。

这样的活动持续了三年半。正是这种不同思想的碰撞、共振，引发出一系列创造性思维的火花，爱因斯坦的许多科学思想，都是在奥林匹亚研究院孕育和形成的。

那时，爱因斯坦已在伯尔尼专利局担任三级技术员。对付专利局的工作，爱因斯坦的才能绰绰有余，他有许多时间可以驰骋在他所喜爱的物理学天地中。在伯尔尼的岁月，是爱因斯坦科学生涯中最富有

创造性，成果也最多的几年。就在 *1905* 年 *3* 月到 *9* 月的短短半年中，爱因斯坦在量子论、分子运动论、相对论三个领域齐头并进，同时取得了重大突破。

1905 年 *3* 月，他提出了光量子论，阐明了光电效应的理论。爱因斯坦 *1921* 年就是因此而获得诺贝尔物理奖。

1905 年 *4* 月，他发表《分子大小的新测定方法》，同年 *5* 月完成了布朗运动理论的研究，从理论上解释了布朗运动，提出测定分子大小的新方法。

1905 年 *6* 月，他发表《论动体的电动力学》，正是这篇不到 *9 000* 字的论文，宣告了狭义相对论的诞生。

1905 年 *9* 月，他提出质能转换公式，为 *40* 年后原子能的利用开辟了道路。

他的学生兰佐斯评论说，爱因斯坦一生理应获得 *5* 个诺贝尔奖，指的就是以上 *4* 项成果再加上广义相对论。在这些成就中，影响最大的还是相对论。

创立狭义相对论

爱因斯坦创立狭义相对论依据了两个基本原理：一是相对性原理，即在任何惯性参考系中，所有的自然规律都相同；二是光速不变原理。

早在 *17* 世纪，伽利略就发现了相对性原理。比如，在一个匀速行驶的火车上向上抛出一个小球，小球将垂直落地，与在地面上向空中抛出一个小球的情况一样，也就是说在没有受到外力作用的惯性系中，所有的力学定律都相同。伽利略还提出了伽利略变换，通过这一变换，不同惯性系描写力学规律的方程式都具有相同形式。

可是，电磁学的发展向相对性原理发出了挑战，描写电磁运动的

麦克斯韦方程，用伽利略变换去套，不再保持不变的形式。结论是麦克斯韦方程只适合于静止的以太坐标系。

电磁学的实验事实与经典物理学的矛盾也深深困惑着爱因斯坦，难道真的存在一个特殊优越的以太坐标系吗？难道相对性原理对电磁规律就不普遍适用了吗？爱因斯坦的哲学思想使他坚信，世界不是杂乱无章的，而是简单的、和谐的、有规律的，应该可以找到一些规律，对世界加以统一的描写。

爱因斯坦综观了当时有关以太和光速测定的实验，毅然否定了以太这个特殊优越坐标系的存在，确认相对性原理不仅对力学规律，而且对任何自然规律，包括电磁规律也是适用的，这就是狭义相对论的第一个原理。

但是，要确定电磁规律满足相对性原理，就必须引出光速不变的原理，即光在真空中传播的速度与光源的速度无关，与观察者的速度也无关。这显然和经典力学相矛盾。在经典力学中，一个人站在以速度 V_0 行驶的火车上，向着列车行进的方向开枪，子弹速度为 V，那么地面上观察者看到的速度应是 $V_0 + V$。何以解释光速与光源速度无关呢？这成了摆在爱因斯坦面前的一大难关，使他大伤脑筋。

1905 年暮春的一个夜晚，爱因斯坦正躺在床上，突然一个思想闪过他的脑海：对于一个观测者来说是同时发生的事件，对另一个观测者不见得是同时。他一骨碌从床上爬起来，抓住这个灵感不放，终于找到了解决问题的钥匙，那就是时间的相对性。

爱因斯坦设想了这样一个实验，有一列匀速行驶的火车开进车站，当车头 A′ 和车尾 B′ 分别通过 A 柱和 B 柱时，有两道闪电击中了 A 柱和车头 A′，B 柱和车尾 B′。那么怎么知道这两个闪电是不是同时发生的呢？如果站在 AB（或 A′B′）的中点，同时看到从 A 和

B（或 A′和 B′）传来的光信号，那么这两道闪电就是同时发生的。对于站在站台 AB 中间的铁路工人来说，他看到两个光信号同时到达中点，因此他说这两道闪电是同时发生的。可是对坐在火车中点的乘客来说，由于火车是从 B 开向 A 的，那么他将先看到 A′闪电的光，后看到 B′闪电的光，假如火车是以光速前进的话，那么他将永远也看不到 B′闪电，因为 B′闪电发出的光永远也追不上乘客。对乘客来说，这两个闪电不是同时发生的。我们把这个火车叫爱因斯坦火车。

可见，同时性的概念是具有相对性的，每一个惯性系有它自己的同时时间。这是对牛顿绝对时间观念的大胆挑战。牛顿认为，世界上有一个绝对时间，它均匀地流逝着，与任何事物无关。全宇宙只有一个标准"时钟"，两个事件的发生时间与这个标准时钟比是同时的，这两个事件就是同时发生的。

爱因斯坦正是从大家认为没有问题的"同时性"中看出了问题，以此为突破口，引入了全新的空间和时间观念，通过数学推导，推出洛仑兹变换，经这个变换，无论是力学方程还是麦克斯韦方程在不同惯性系中都可以保持形式不变。狭义相对论诞生了。

几个重要的结论

根据狭义相对论，爱因斯坦还得出了一系列重要的结论：

1. 一把高速运动的尺子与静止状态相比，在运动方向上缩短了。比如，一列长 100 米的火车，以 $\frac{1}{2}$ 光速前进，地面上的人就会发现它的长度只有 85 米。

2. 快速运动的钟，会走得慢了。比如，一个乘高速宇宙飞船到太空旅行一年的人，回到地面时会比他的孪生兄弟年轻得多。

钟慢尺缩效应被称为相对论的两个著名佯谬。的确，用常人眼光

来看这两个结论简直不可思议。关键是因为我们生活在低速世界中，而爱因斯坦讲的是高速世界的情况。

事实已为这两个结论做出了验证。1977 年，欧洲原子核研究中心的一个小组发现，近光速飞行的 μ 介子寿命比静止的 μ 介子寿命长。还有两个美国人，把原子钟放到喷气飞机上，绕地球飞行一周后回到地面，与地面静止的原子钟相比，时钟变慢效应与相对论预言在 10% 精度内相符。

狭义相对论还有两个重要结论：物体的质量会随着速度增加而变大。这已由加速器中高速运动的粒子所证实，并用在了加速器的设计中。

另一个是质量和能量能够互相转换，物体的能量等于其质量乘以光速的平方，即著名的质能转换公式 $E=mc^2$。它也已为实验所验证，正是这个关系式为人类打开原子能利用的大门提供了依据。

相对论发表后，许多物理学家，包括一些著名的物理学家都对爱因斯坦的崭新时空观无法接受。洛仑兹这位曾在狭义相对论酝酿阶段起过重要作用的科学家，直到晚年还表示对没有以太无法理解。而迈克尔逊则说，没想到他的实验会引出相对论这一理论。

但是，也有一批物理学家意识到了相对论的重大革命性意义。量子论的创始人之一普朗克赞誉爱因斯坦是 20 世纪的哥白尼，他指出，这篇论文发表后将要发生的战斗，只有为哥白尼学说进行过的战斗才能和之相比拟。

曾在联邦工业大学任过爱因斯坦数学老师的闵可夫斯基深深为这一学说所打动，他不仅热情宣传相对论，而且对此进行了深入研究，引进了第四坐标即时间，赋予了相对论更完美的数学形式。

创立广义相对论

爱因斯坦创立狭义相对论，废除了以太这一特殊优越的参照系，可是却保留了一类特殊优越的参照系，这就是惯性系，只有在惯性系中，所有的物理定律才能成立。这太不符合爱因斯坦的哲学思想了。他坚信，相对性原理不仅对惯性系成立，对作加速运动的非惯性系也应当成立。他朝着这一目标开始了新的攀登。

那么，怎样才能把相对性原理从惯性系推广到非惯性系呢？爱因斯坦又从大家习以为常的事实中受到了启示，那就是惯性质量和引力质量相等。

惯性定律告诉我们，任何物体在不受外力的情况下，都将始终保持静止或匀速直线运动。例如，汽车加速时，坐在车中的人后背会紧贴在椅子靠背上，汽车一拐弯，人的身体又会向相反方向倾斜，量度物体惯性大小的量就是惯性质量。

人在地球上，还有一种与人体质量相等的力，把我们拉向地球中心，与此相关的就是引力质量。

几百年来，人们理所当然地认为惯性质量等于引力质量，并且不加区别地把它们统统称为质量。可是爱因斯坦偏偏要刨根问底，为什么惯性质量和引力质量恰恰相等呢？这是否意味着惯性与引力之间有着某种内在联系呢？

这次爱因斯坦又设计了一个实验，人们管它叫爱因斯坦升降机实验。他假设有一个人，站在密闭的电梯中，当电梯静止或作匀速运动时，这就是一个惯性系，由于人受到地球引力的作用，这个人双脚和地板的压力正好等于他的体重。假设这个电梯脱离了地球的引力场，比如把它搬到太空中，让这个电梯以与重力加速度数值相等的加速度向上运动，此时电梯是一个加速系，人的双脚与地板之间的压力仍等于它

的体重。在电梯中的人，无法判断他到底是在地球上作匀速运动还是在太空中作加速运动，也就是说，这两种状态是等价的。而当电梯的绳索断了时，电梯将在重力场中自由下落，此时电梯中的人将感受不到引力的存在，处于失重状态。也就是说，可以通过选择某种坐标系，在一定范围内使引力完全消除。

这是爱因斯坦一生中最高兴的时刻，他终于找到了解决问题的关键，那就是等价原理。在一个小的时空范围内，一个加速系可以等价于引力场中的惯性系，这样就有可能把相对性原理从惯性系推广到非惯性系了。

不过，从等价原理到创立广义相对论，还有漫长的路要走。爱因斯坦发现他的数学工具不够用了，在他的老同学、数学家格罗斯曼的帮助下，他找到了合适的数学工具——黎曼几何。1915年，爱因斯坦提出了广义相对论引力方程的完整形式，1916年3月，他完成了总结性论文《广义相对论基础》。历经10年的艰苦探索，相对论大厦的第二层楼房——广义相对论建成了。

爱因斯坦把创立广义相对论看作他毕生最重要的成就。他曾说过，创立狭义相对论的历史条件成熟了，即使不是他，别人也会创立狭义相对论。而创立广义相对论的情况却不是这样。的确，广义相对论的创立与爱因斯坦本人是一位天才科学家有很大关系。如果没有他的革命批判精神、敏锐的物理直觉和高超的数学技巧，是不可能创立广义相对论的。因此，有的科学家评论，没有爱因斯坦，我们也许还要在黑暗中摸索。

广义相对论给人们带来了对物质运动、时空、引力的全新概念。

在牛顿力学中，物体之间存在着万有引力，而且这种力是瞬时、超距作用的，两个星体无论相隔多远，它们相互之间的引力传递都不

需要任何时间。而狭义相对论指出，任何物体的运动速度都不可能超过光速，那么如何解释引力呢？

爱因斯坦的广义相对论给了引力之谜一个全新的解答。在这里，牛顿假设的万有引力不再存在了，广义相对论认为物质和它的运动决定了时空的几何形式。物质分布得越密，时空弯曲得就越厉害，物质周围的引力场就越强。地球和其他行星之所以绕着太阳旋转，是由于太阳的巨大质量使太阳周围的空间发生了弯曲。

与传统的时间和空间观念完全不同，空间和时间是运动着的物质的存在形式。有一位记者曾问爱因斯坦什么是相对论，爱因斯坦半开玩笑地说："如果把所有的东西都从世界中运走，人们过去认为残留下来的就是时间和空间，那么，现在人们知道了，单独的空间和时间根本不存在。"这表明了物质、运动、空间和时间的不可分割的关系。

三大验证

爱因斯坦在世时，曾有人说，世界上懂相对论的人不到几个人。的确，人们从日常经验出发，很难理解相对论。但是，这一学说很快便为实践所证实。

1915年，爱因斯坦应用广义相对论，成功地解决了历史上的一个悬案——水星近日点进动。

早在1845年，法国天文学家勒维烈就发现，水星的近日点在不断前移。根据牛顿万有引力定律，在排除了金星和其他种种因素之后，每100年仍有43秒差异无法解释。于是勒维烈预言，还存在一颗尚未发现的星，正是这颗星的万有引力造成了这43秒差异。他给这颗星起名为火神星。勒维烈曾利用万有引力定律成功地发现过海王星。

可是，天文学家花了几十年时间都没有找到这颗神秘的火神星。爱因斯坦用广义相对论最终揭开了火神星之谜。原来，太阳的巨大质量，使周围时空发生了弯曲，水星是离太阳最近的一个星，受这种影响最大，根据广义相对论计算，恰好每个世纪应该有 43 秒的近动，根本不存在什么火神星。其他行星离太阳较远，那里的时空性质相对改变较小，因此仍可以用万有引力定律进行描述。

火神星的错误预言暴露了牛顿万有引力的缺陷，证明了广义相对论是正确的。

广义相对论的第二个验证是光线在引力场中的偏移。1916 年，英国天文学家爱丁顿得到了一本《广义相对论基础》，他一眼就看出了这部著作的伟大意义。其中，爱因斯坦预言光线在经过太阳边缘时会发生 1.7 秒的偏转。为了验证这一理论，爱丁顿苦苦等了 4 年，终于等到了 1919 年 5 月 29 日的日全食机会，这就是本文开场那一幕。

广义相对论的第三个验证是引力频移。爱因斯坦预言，在引力场中，光的谱线将向红端移动。因为引力场越强，时空弯曲越厉害，时间就会变慢，光的频率也就会变慢，而红光是可见光中频率最低的，所以光的谱线要向红端移动。1925 年，美国天文学家亚当斯对天狼伴星光谱线的观测证实了引力频移。

20 世纪 60 年代以来，脉冲星的发现、黑洞的探索、河外星系的红移、宇宙大爆炸理论的提出，都表明了广义相对论是指导人们认识世界的有力武器。

但是，爱因斯坦当年预言的引力波，至今还没有找到，相对论是否真正是引力之谜的谜底还有待科学的验证。可以肯定的是，广义相对论把人们对引力的认识大大提高了一步。

爱因斯坦的预言

当科学界还在努力理解狭义相对论和广义相对论时，爱因斯坦已经对这两种理论感到不满意了。虽然狭义相对论把经典力学与电磁理

论从基础上统一起来了，广义相对论又进一步把相对性原理从惯性系扩大到非惯性系，但是引力和电磁两大相互作用却没有统一起来，而爱因斯坦追求的目标是世界的统一性。

爱因斯坦又向新的更高目标攀登了。在创立广义相对论之后，他立即着手建立统一场论，试图把引力场与电磁场统一起来。他把建立统一场论看作是发展相对论的第三阶段。

爱因斯坦从 1923 年开始到 1955 年去世，把后半生的主要精力都投入建立统一场论的工作中，但是最终没有成功。

不是统一场论的大方向错了，也不是爱因斯坦的个人智慧不够，而是客观历史条件还不成熟，还缺乏经验和事实的指导。

狭义相对论的创立依据了两个基本事实，即相对性原理和光速不变原理，广义相对论有惯性质量和引力质量相等的基本事实为依据。统一场论却没有事实作根据，爱因斯坦只能进行一些数学上的简单努力，因而失败了。

当爱因斯坦孤独一人、埋头于统一场论研究的时候，从他身边奔驰而过的是量子物理学、原子物理学、固体物理学的时代洪流。许多科学家对爱因斯坦脱离了物理学的发展主流深感惋惜，但爱因斯坦却始终坚持对统一场论的研究是有意义的。他在晚年时对他的老朋友索洛文说："我完成不了这项工作了，它将被遗忘，但是将来会被重新发现。"

历史正像爱因斯坦所预言的那样。

人们后来发现，宇宙中不只有电磁相互作用和引力场相互作用，还有强相互作用和弱相互作用。1961 年到 1968 年，物理学家格拉肖、温伯格和萨拉姆提出了弱相互作用和电磁相互作用的统一模型，并得到了实验的验证，他们因此获得了 1979 年诺贝尔物理奖。

四种相互作用的大统一研究，今天重新成为理论物理研究的前沿课题之一，人们正在朝着大统一的目标不懈地努力。

6. 湍流理论的发现

钱学森、郭永怀、钱伟长、林家翘等人的名字，海内外同胞都非常熟悉，他们都是世界知名的科学家。其中，钱学森、郭永怀主持了我国航天事业和核弹、导弹的研制，为中国科学技术的发展做出了巨大的贡献。而这几位科学家全都师出于一位科学家，他就是西奥多·冯·卡门（Theodore von kármán，1881 年—1963 年）。冯·卡门，美国航空工程学家，开创了数学和基础科学在航空、太空和其他技术领域中的应用，从而获得了美国总统授予的第一枚国家科学勋章。

1963 年 2 月 18 日上午，瑞雪初晴，晶莹的雪片在阳光下闪出奇异的光芒，粉妆玉砌般的积雪把大地变幻成银色的世界。美国白宫玫瑰园里宾客云集，这是华盛顿难得的雪后晴天。美国第一枚"国家科学勋章"的颁发仪式即将在这里隆重举行。

美国自建国以来，涌现出众多的科学大师，各级政府部门和民间团体曾颁发过无数科学奖章。然而，由美国总统代表国家亲自颁发的科学勋章，却还是头一次。获得这一崇高荣誉的就是现代航空大师西奥多·冯·卡门。

军乐队奏起了欢迎曲，宾客们急切地将目光转向通往白宫的礼仪门，人们都想先睹获奖者的风采。门开了，卡门和美国总统并肩步入白宫，向玫瑰园走来。

八旬高龄的冯·卡门，由于患有严重的关节炎，在走下高高的台阶时，显得力不从心、步履蹒跚。年轻的美国总统赶忙上前搀扶他，老人点头报以感激之情，轻轻地摆脱了总统伸出的手，淡然一笑说："总统先生，下坡行路的人无需搀助，唯独举足高攀的人，才求一臂之力。"

当总统把金灿灿的勋章挂在卡门老人的脖子上时，人群中响起了热烈的掌声，军乐队高奏贝多芬不朽的名曲《英雄颂》。

白宫授勋仪式之后不久，老人的心脏衰竭，在82岁寿辰的前5天，离别了人间。这位一代传奇人物结束了他多彩的人生，但是，在那日益增多的飞行工具上，却铭刻着他征服天空的不朽业绩。

卡门1881年5月11日生于匈牙利，父亲是教育学教授，他受到了良好的早期教育。儿童时代的卡门，很早就显露出数学天赋。他的数学天赋着实使父亲感到惊奇，但是他的父亲从全面教育出发，不得不采取措施，抑制他在数学方面的智力发展，让他多学些人文科学知识。

9岁那年，卡门进入了被人们誉为"明星摇篮"的匈牙利明达中学。17岁的卡门，作为一名中学优等生，进入了当时匈牙利唯一的工科大学约瑟夫皇家工艺大学。25岁的卡门争取到了匈牙利科学院的奖学金后，便前往当时世界的科学圣地——哥廷根。

20世纪初，哥廷根的人口不足3万，然而，这是一座智力之城、学院之城，在近代科学文明中颇有名望。古老的建筑，迷人的花园，幽静的街巷，一派静庄严气氛，世纪的墙垣环抱着郁郁葱葱的林阴，哥廷根大学哥特式建筑的尖形塔，更使这里具有中世纪修道院的风格。

哥廷根大学是1734年创建的一所古老的普鲁士大学，是当时世界理论科学的中心。哥廷根也是近代流体力学的发祥地，被誉为"空气动力学之父"的路德维希·普朗特此时正在这里主持工作。

普朗特十分注意研究从复杂的工程问题中抽出基本的物理过程，再用简化的数学方法加以分析，这与卡门的想法十分吻合。

在普朗特的指导下，卡门利用哥廷根良好的实验条件，对一系列机械工程问题进行了研究。这为他日后的飞机结构设计，提供了重要的技术保障。

1903年，卡门通过了博士学位答辩，而后赴巴黎学习考察。不久，普朗特从哥廷根寄邀请信，要卡门回去担任实验室的助手，参加哥廷根第一个风洞的筹建及"齐柏林号"飞艇的设计。卡门愉快地接受了这一邀请，从此他开始了作为航空科学家的生涯。

卡门协助普朗特完成了德国第一批空气动力学实验。同时，他还担任力学课的教员。哥廷根的学习、研究和生活对于卡门说来是十分珍贵的。

当时，一批科学大师荟萃于哥廷根。卡门置身于这些科学大师之中，眼界大开。尤其是希尔伯特与克莱因这两位各有所长的数学大师，对卡门产生了深远影响，使卡门横跨两个基本学科——纯粹数学和应用数学。

卡门投入科学研究初期，正是物理学的革命时期。放射性的发现正在揭开原子奥秘的帷幕。

1911年到1921年，普朗特正在研究边界层分离现象。他设计了一个水槽，用以观察流体经过圆柱体后面的分离现象。水槽里的水流不断发生波动，普朗特对此并未注意。卡门思维敏捷，善于洞察事物本质，当他加入这一实验之后，立即对此加以深入研究。

实验显示，流水在圆柱后形成两排交叉的涡旋。卡门对此进行了

数学分析，从理论上证明只有交叉排列的涡旋才是稳定的。他在三个星期内完成了两篇出色的论文，这两篇论文成为流体力学中一次重大的发现。

流体经过一个障碍物，会在它后面留下两排交叉的涡旋，这一现象早已为人们所知，但是卡门第一次从理论角度阐明了这一现象的实质。由于这两排交叉的涡旋好像是大街两旁的两排街灯，于是人们把这一现象叫做"卡门过街"。

在人类的建筑史上，因忽视"卡门过街"的作用，曾发生过一起惊心动魄的事件。事情是这样的：在美国西雅图附近有一座横跨塔科马海峡的大桥，它是一位著名建筑师设计的"艺术杰作"。1940 年 11 月 7 日，8 级狂风大作，在强烈的"卡门过街"的作用下，大桥发生了急剧的扭曲、振动，结果在不到一个小时崩塌殆尽。人们最终意识到建筑设计必须考虑"卡门过街"的效应，因为一切建筑物都处于空气这一流体之中，风速过快时都会产生"卡门过街"现象。

卡门离开哥廷根前往亚琛任教时，已经奠定了他的基本流体力学理论权威的基础。不久，他担任亚琛工学院空气动力研究所所长。他在亚琛工作期间，组织并主持了三次国际应用力学会议。卡门和他的老师普朗特合作研究，突破了流体力学的一个难题"湍流"问题，对"湍流"问题的研究在这一时期获得了重大进展。卡门和普朗特的湍流理论，现在仍是工程湍流计算中的重要依据，成为流体力学的经典理论。

1929 年，卡门出任加州理工学院航空实验室主任时，美国的航空工业正处于蓬勃发展阶段。从 1930 年到 1942 年，经过 12 年的努力，卡门领导的加州理工学院航空实验室，已经成为国际流体力学研究中心。卡门在整个流体力学领域，指导了两代科学家和工程师，开拓了

新领域，为航空技术奠定了扎实的科学基础。

1945 年，卡门起草了一份关于航空工业发展必须依靠科学技术的报告。报告分析了两次世界大战中的人力、武器、科学技术的作用，还具体探讨了超音速飞行和火箭的技术问题，这篇报告对美国当局产生了非常深远的影响。

在卡门的倡导、呼吁下，美国逐步成立了一些研究机构。*1947* 年，超音速无人驾驶飞机发展中心成立；*1948* 年，著名的智囊机构——兰德公司成立；*1952* 年，阿诺德航空工程公司成立；*1957* 年，国家原子能委员会成立。到 *1957* 年，卡门的计划大多已付诸实施，火箭、导弹已经大量生产，超音速飞机横越大洋，人造卫星也已经围绕着地球运行。

第二次世界大战战火熄灭之后，卡门全身心地致力于发展国际航空事业。*20* 世纪 *50* 年代，卡门主持了两次国际航空会议，创建了国际宇航科学协会，成立了国际宇航科学院，推动了国际宇航事业的发展。

当时中国航空事业也得益于卡门的指点。*1929* 年，卡门路经中国，建议在清华大学开设航空课程。抗战爆发后，清华大学创办航空系，卡门派他的学生——航空技术专家沃登道夫来华担任该系的科学顾问。

卡门在加州理工学院时期，还培养了一批出色的中国科学家，他们之中有众人熟知的钱学森、郭永怀、钱伟长，以及美籍华人林家翘等。其中，钱学森在 *20* 世纪 *30* 年代末期火箭技术还处于摸索阶段就与其他几位年轻科学家看到了这一技术的发展远景，成立了一个名叫"火箭俱乐部"的研究小组。这一小组后来发展为加州理工学院喷气推进实验室，成为全世界火箭喷气技术的一大中心。

卡门在漫长的科学生涯中，对流体力学、空气动力学，尤其是以此为基础的航空技术贡献卓著。他不仅是宇航工业技术的研制者，更是国际航天事业的组织者，他同时涉足理论和应用科学两大领域。直到 70 岁时，卡门还集中精力研究了一门他所生疏的学科——燃烧学，他把燃烧化学与流体力学结合起来，奠定了现代燃烧理论的基础。

7. 泡利不相容原理的发现

1900 年 4 月 25 日，伏尔夫岗·泡利（Wolfgang E.Pauli，1900 年—1958 年）生于奥地利首都维也纳。他的父亲做过医生，是一位有名的学者，后来担任维也纳大学胶体化学教授。泡利出生后受到了物理学家和哲学评论家厄恩斯特·马赫的指导，因此泡利自幼就受到了良好的科学环境的熏陶。他在读小学时，学习成绩始终名列前茅。上中学后，课堂教学已经满足不了他的需要，他广泛阅读课外书籍，尤其喜欢自然科学。

中学快毕业时他得知，爱因斯坦发表了广义相对论，这在当时是一门崭新的学科，是物理学的前沿。他对此表现出了极大的兴趣，甚至在课堂上也偷偷地阅读。他那时已掌握了高等数学，所以读过爱因斯坦的著作后，他能够快速理解广义相对论的有关内容。

中学毕业后，泡利决定攻读理论物理学。他进入了慕尼黑大学，跟随良师益友索末菲学习。索氏当时在德国以至世界上都可以算得上一位有声望的理论物理学导师，许多杰出的科学家，包括海森堡、贝蒂在内都出自他的门下。

在这里,泡利在索末菲教授的指导下,他的理论分析技术更臻成熟,他的非凡才华得以显露。在为《数学百科全书》撰写相对论综述之前,尽管泡利当时还不到 20 岁,可是已经发表过好几篇相对论的论文了,因此深得索末菲的赏识。

1921 年,泡利以论文《论氢分子的模型》取得博士学位,从慕尼黑大学毕业。他的论文被认为是对于玻尔 - 索末菲量子理论应用问题的卓有见地的文章。

1922 年,泡利离开慕尼黑大学,来到哥廷根大学——当时由玻恩和弗兰克领导的世界理论物理研究中心,担当玻恩的助手。在此期间,他结识了尼尔斯·玻尔。一学期后,他接受了玻尔的邀请,来到了哥本哈根理论物理研究所工作。这里自由的学术氛围和讨论方式,加之名师的指导,使泡利学到了科学的思维方法,锻炼了纯熟的数学技巧,弥补了他不擅长实验、动手能力弱的不足。此后不久,他又去了汉堡大学担任编外讲师。

1923 年到 1928 年,泡利一边进行教学工作,一边开始从事量子物理学的研究。他专攻的首要课题就是反常塞曼效应。他对反常塞曼现象的研究已经到了痴迷的程度,在他的宿舍里,桌子上、床上到处都是演算的草稿,窗台上老是放着未吃完的面包,他从早到晚不上运动场,也不去音乐厅,总是写啊,算啊,可是却一直没有头绪,因此他总是愁眉苦脸的。

当然,泡利没有把反常塞曼效应的问题完全解决。事实上,当时波动力学还没有发展起来,要想完全解决这个问题也是不可能的。但是,他把反常塞曼效应的研究用来正确地解释光谱线的精细结构,这是电子所具有的一种在经典力学中找不到的新性质。为了解释这种精细结构,泡利用一个新的只能取两个值的量子数来描述电子,这个新量子数就是电子自旋的投影,他后来因此发现了电子自旋。这个新量

子数的存在和泡利所做的解释都得到了证实。

新量子数的发现为泡利最重要和最著名的发现做了准备。1925年，这方面的研究终于使他发现了自然界的一条基本规律——泡利不相容原理。在泡利提出这个原理之前，朗德、索末菲和玻尔等人都相信碱金属原子中被价电子围绕的那部分组成，具有角动量，这角动量是磁反常的原因。至于这部分组成为什么具有角动量和磁矩，则谁也说不出道理。

泡利不相容原理认为：一个原子中不能有两个或更多的电子处在完全相同的量子状态。应用这个原理可以很好地解释原子内部的电子分布状况，从而把由玻尔的原子理论不能圆满解释的元素周期表的分布规律说得一清二楚。这个重要发现使泡利在 20 年后，即 1945 年，获得了诺贝尔物理学奖。

从 1928 年起，泡利担任了慕尼黑联邦工业大学的理论物理学教授，并在这里一直工作到去世。近 30 年的时间里，他一直坚持不懈地刻苦钻研，以自己非凡的智慧，凭借科学的预想和不断创新的精神攀登着一个又一个的科学高峰。

20 世纪 20 年代物理学家发现：在原子核放出电子的 β 衰变过程中，放射出来的电子所携带的能量，并不和原子核所损失的质量相对应。经测定，放出电子所带走的总能量要小一些，也就是说，在 β 衰变过程中有能量"亏损"的现象。

那么，这一部分亏损的能量到哪里去了呢？大家都知道，能量是不能创造也不能消灭的，只能由一种形式转化为另一种形式。1930 年，玻尔准备放弃能量守恒原理，因为他认为，能量守恒在微观粒子作用过程中不一定成立，这样就可以解释 β 衰变中的能量亏损现象了。

玻尔是泡利的良师益友，两人之间有着深厚的友情。可是泡利并未因此而放弃自己的观点，他不相信在自然界中唯独 β 衰变过程违反守恒定律。为了"挽救"能量守恒原理，找到能量亏损的真实原因，

他思索着、钻研着……终于，在1931年他大胆地提出了自己的科学假想——

他假设存在一种新的粒子，它伴随 β 粒子从核中发射出来，但此种粒子质量很微小，不超过电子质量的万分之一，不带电，稳定，由此满足每次 β 衰变事件中能量守恒。并且为了使 β 衰变中自旋守恒，他还假设这种粒子的自旋为1/2。1932年，费米把这种粒子称为"中微子"，意思就是"微小的中性小家伙"。

泡利的中微子假说提出以后，令人信服地说明了 β 衰变中失踪能量的去向，圆满地解决了这个矛盾。然而由于中微子没有电荷也没有质量，许多物理学家认为，这不过是泡利为了维护能量守恒定律，使能量在数值上达到平衡而想象出的不切实际的幻影。

在巨大的压力面前，泡利没有屈服，仍以科学的态度严肃认真地进行着科学研究。经过漫长的25年后，1956年，美国洛斯·阿拉莫斯科学实验室终于第一次直接观测到中微子，证实了中微子的确是存在的。泡利比此前许多伟大的科学家幸运得多，他亲眼看到了自己的科学假说变成了现实。

泡利在量子力学、量子场论和基本粒子理论方面的卓越贡献，特别是他的不相容原理和 β 衰变中的中微子假说等，在理论物理学的发展史册上谱写了辉煌的一页。他的名字与相对论、量子力学和量子场论紧紧地联系在一起，人们称赞他为"当之无愧的理论物理学家""理论物理学的心脏"。

作为一个理论物理学家，泡利的最后一项重要工作是研究场论中的各种分立对称性，他证明了每个洛仑兹不变拉格朗日场论，在CTP（电荷共轭、时间反演、宇称）操作下是不变的，而 C、T 和 P 不必分别是对称的。不久之后泡利就发现，在弱相互作用中，例如在 β 衰变中，对称是不守恒的，即 P 单独是不守恒的，这一发现使他激动万分。

正当他在科学的高峰上奋力攀登的时候，却不幸患了重病，1958年12月15日在瑞士苏黎世逝世，享年58岁。

第四章

学生化学发现的启迪

1. 钾与钠的发现

19 世纪初，伏特发明了电池后，各国化学家纷纷利用电池进行分解各种物质的实验研究。其中，有一位年轻的英国化学家汉弗里·戴维（Humphry Davy，*1778* 年—*1829* 年，英国化学家）正在进行苛性碱的电解实验。

戴维于 *1778* 年 *12* 月 *17* 日生于康沃尔郡彭赞斯，在药房学徒期间，他读了拉瓦锡的著作，从此对化学产生了浓厚的兴趣。*1798—1801* 年，他在布里斯托尔任气体研究所当实验室管理员。*1801* 年他开始在英国皇家学院讲授化学。*1802* 年他任化学教授和皇家学会会志助理编辑。*1803* 年他当选为英国皇家学会会员。

戴维所进行的苛性碱的电解实验，在当时也是绝无仅有的，因为人们向来以为苛性碱是不可再分解的简单物质，几乎所有化学家都毫无疑问地把它当成了化学元素。可是，戴维却有另外一种冲破传统的想法。他推想，碱有几种化学性质，跟一些已知的成分很相似，所以它很可能也是化合物。于是，他先选用苛性钾进行电解实验。然而几次实验都失败了，苛性钾原封不动，呈现出的都是水被分解成氢和氧的现象。不过，戴维没有因此而丧失信心。他不断改进实验。既然水总在里面捣乱，干脆就用无水苛性钾吧！他按着这一思路又做起了实验。果然，令人惊讶的现象出现了。

一天，戴维让助手埃德蒙得把苛性钾水溶液换成无水苛性钾，并

给无水苛性钾加热，然后开始对熔融的无水苛性钾电解……

"它会不会分解呢？"戴维把白金导线接触熔融了的苛性钾表面时，心里在想。"现在没有水了，匙子里只有苛性钾一种东西。如果它不是一种元素，那么它马上就会露出原形……可是如果电流不能通过熔融的碱呢？"正在他反复思索之时，电流通过去了。"喂！"戴维声音都变了，"埃德蒙得，到这儿来！苛性钾分解了！"助手用手遮着眼睛，往仪器前凑。而戴维自己却差点把鼻子碰到白金匙子上。原来，由于电流的作用，熔融的苛性钾不仅通过电流，发生显著的变化，而且在白金导线跟苛性钾接触的地方，还出现了一些小小的火舌，淡紫色的火焰，非常美丽，只要电路不断，火焰不会熄灭；电流一停，火焰也就立刻熄灭。埃德蒙得莫名其妙地看着教授，说："这是怎么回事？""埃德蒙得，这意味着，咱们已经把这种'假元素'给揭穿了。"戴维自信地说，"电流已经把苛性钾所含的某种未知物质分离出来了。导线旁边发着淡紫色火焰的就是它。"这是一种什么样的物质呢？怎样才能收集到这种神秘的物质呢？戴维再次陷入思索之中……

1807 年 10 月的一个早晨，薄雾蒙蒙。戴维吃完早饭，匆匆走向实验室。几天来，他一直在想，第一次没有把苛性钾分解成功是因为水；第二次，又没有成功，可能是因为那熔融的碱热到了发赤的地步，温度太高了。于是，他又想出了第三个办法，让苛性钾从空气里稍微吸收一点湿气试试。按着这一想法，他和助手埃德蒙得又开始了新的实验……

电流果然通过去了。那固体的碱块，立即从上下两个方向熔化。戴维见此情景，脸色渐渐苍白了。他站在试验台旁边，紧张得几乎停

止了呼吸。这时，碱块同金属接触的地方正在熔化，发出细微的"咝咝"声。突然，"啪"的一声爆响，像爆竹般从熔融的碱上面传出。戴维用胳膊肘使劲推了一推他的助手，迅速把头俯到试验台上。"埃德蒙得……埃德蒙得……"他喃喃地说，"你看啊，埃德蒙得！"熔融的苛性钾上面沸腾得越来越厉害，下面的白金片上有一些极小的珠子从熔融了的苛性钾里滚出来。它们跟水银珠一样活动，一样带有银白的光泽，可是它们和水银可大不相同。它们中间有的刚一滚出来，就"啪"的一声裂开，爆发出一股美丽的淡紫色火焰而消失得无影无踪；有的虽然侥幸得以保全，在空气中却很快就变暗，蒙上一层白膜。原来碱的组成中含有某种金属，而且在这以前，谁也不知道世界上有这么一种金属。戴维认清了这一点，突然离开座位，在实验室里如醉如狂似地跳起舞来。

又经过几次验证后，他终于肯定了自己的新发现。他大胆地把苛性钾从元素名单上抹掉，换上了一个当时还没有人知道的新元素。这次真的是一种元素了，他给它取名叫"锅灰素"，译成中文就是"钾"。

分解了苛性钾以后，戴维立即着手分解另一种碱——苛性钠，并很快获得了成功。他为这种从苛性钠中分离出来的新的金属元素，取名为"苏打素"，译成中文即是"钠"。

钾和钠的性质有很多相似之处，只不过，钠的金属活动性比钾略微差一点儿。钠是黄色的火焰，钾是淡紫色的火焰。所以，当时人们都说："戴维发现了双胞胎元素。"

戴维的科研成成很多。1800年他研究电解，从理论上解释了电解过程，指出与电极具有相反电荷的带电质点能按相对亲和力的大小排列成一系列，这实际上是现代电化学的基础；*1802* 年他开创了农业化学；继 *1807* 年用电解法离析出金属钾和钠之后，他在 *1808* 年又分离出金属钙、锶、钡和镁，他对碱金属的详细研究，为拉瓦锡所指出的"所有碱都含有氧"提供了证明；他推翻了拉瓦锡关于所有酸中都含有氧的观点，提出所有酸中含有氢而不是氧。此外，他对氯、碘及其化合物、金刚石、铂的催化作用等方面也都做出了卓有成效的研究。

戴维的一生与荣誉相伴，他在 *1805* 年获科普利奖章，*1807* 年因在皇家学会演讲"论电的化学作用"，获拿破仑的 *3 000* 法郎奖金，这是奖给当年最重要的电学研究项目的奖金，*1813* 年当选为法国科学院通讯院士，*1816* 年获伦福德奖章，*1827* 年获皇家奖章。*1820* 年戴维出任英国皇家学会会员主席。*1829* 年 *5* 月 *29* 日，他卒于瑞士日内瓦。

2. 元素周期率的发现

化学的迷宫

18 世纪中叶到 *19* 世纪中叶，是一个化学元素大发现的年代，由于电解法、光谱分析等新方法的运用，新元素被人们一个个找出来，平均每两年半就有一个新元素被发现。到 *1869* 年，人们已经发现了 *63* 种元素。

那时候，最令化学家激动的事莫过于发现新元素了。可是，谁也说不清，世界上究竟有多少元素，又应当怎样去寻找新元素，人们只是在盲目地摸索着。

更令化学家伤脑筋的是，随着新发现元素的增多，以及人们对这些元素性质了解的增多，人们反而被眼前这纷繁复杂的化学世界给搞糊涂了。

你看，63 种元素的性质是那样的不同，有的是气体，有的是液体，有的是固体；有的重，有的轻；有的软，有的硬；有的有味，有的无味；有的放在空气中自己就会燃烧，有的存放几千年也不会起变化；有的遇水就爆炸，有的放在水中煮三天三夜也纹丝不动……这 63 种元素每一种又能和其他物质反应生成几十种、几百种甚至上千种化合物。

尽管人们对每一种元素都已有了相当详尽的了解，能测出每一种元素的原子量、比重、沸点、熔点，知道它们和氧如何反应，和氢如何反应，和酸、碱生成什么，甚至能测出反应时能生成多少热……大学教授对这些元素和它们的化合物的性质能讲上几个星期、几个月。可是这些枝枝节节讲得越多，人们就越是不得要领，仿佛被引进了一个没有头绪的化学迷宫之中。难道世界上的化学物质就是这样偶然地、杂乱无章地凑到一起的吗？各种元素之间有没有什么内在的联系？有没有一个统一的规律支配它们呢？

许多化学家早就不满意这种混乱无序的状态了，他们开始思索和寻求这一连串问题的答案。

给元素分类

很早就有人根据元素外观，将元素分成了金属和非金属两大类。不过，这种分类方法实在太笼统了，对搞清元素之间的关系没有多大帮助。

1828 年，德国科学家德贝莱纳发现，化学元素中，有好几组元素，每三种元素之间性质相似，而且中间元素的原子量大约是两端元素原子量的平均值，如钾、钠、锂，氯、溴、碘，钙、锶、钡，等等。他一共发现 5 组这样的元素，起名为三元素组。

可是当时已经发现的元素有 54 种，其他元素之间又有什么关系呢？而且整个元素之间有无规律可循呢？三元素组都回答不了。不过，这是人类首次根据元素的性质和原子量对于元素进行分类的尝试。

后来，又有好多化学家加入给元素分类的队伍中来，到了 19 世纪中叶，提出的元素分类方法已不下 50 种。

美国人库克把元素分成 6 系，英国人欧德林把元素分成 13 类，德国人迈尔发明了"六元素表"……但这些分类都只得到了局部的结论。

第一个把元素作为整体考虑的是法国人尚古多。1862 年，他绘制了螺旋图，把所有元素都按照原子量的大小标记在绕着圆柱体上升的螺旋线上，结果性质相似的元素落在了同一条母线上。也就是说，他实际上已经发现了元素变化具有某种周期性。

1865 年，英国青年科学家纽兰兹又提出了八音律。他发现按照原子量递增的顺序给元素排队，从任意一种元素算起，第八种元素的性质几乎重复着第一种元素的性质，就好像音乐中的八度音一样，他把这称作八音律。他按照八音律关系排成的元素表，前两个直行几乎相应于现代元素周期表中的第二、三周期。

这些早期的分类工作并没有得到人们的理解和重视，甚至还遭到非难和嘲笑。

尚古多先后把他的"螺旋图"和三篇论文寄到巴黎科学院，却石沉大海，根本没有人理睬他。一直到20多年后，门捷列夫元素周期律的发现，他的螺旋图才被重新找出来正式出版，非常可惜，他的发现未能够在历史上起到应有的作用。

纽兰兹在英国化学会上宣读他的八音律时，遭到了许多人的嘲笑。一位教授讥讽地说："纽兰兹先生，您是否把元素按照它们的第一个字母排列，或许那样更符合八音律吧？"他的话引起了人们一阵讪笑。在讽刺打击下，纽兰兹退却了，他放弃了对这一理论的探索工作，专心致志地搞他的制糖工艺去了。

的确，这些早期的分类工作还极不完善，有许多漏洞和错误的地方。但是，他们正在一步步地向真理逼近，为元素周期律的发现奠定了基础。

寻找规律

就在同一时代，在彼得堡，也有一位年轻的化学家为此绞尽脑汁，他就是德米特里·伊凡诺维奇·门捷列夫。

　　门捷列夫 1834 年出生在俄国西伯利亚的托波尔斯克，他的父亲是一位中学校长，他是家中的第 14 个孩子。在他刚出生几个月时，他的父亲就因双目失明而失去了工作。他的母亲照料着一个大家庭，还管理着一个玻璃工厂。为了送门捷列夫上大学，母亲几乎变卖了全部财产，陪他一同到彼得堡。就在门捷列夫获准进入彼得堡师范学院时，他的母亲去世了。这位性格坚毅的母亲给门捷列夫的人生带来了很大的影响。

　　在大学时代，门捷列夫就表现出不同寻常的才智。大学毕业后，他先后在中学、大学任教，23 岁时就担任了彼得堡大学的副教授。在完成对巴库油田的考察后，为了研究溶质和溶剂的作用，他曾对 283 种物质逐个进行了分析测定，并且重新测定了一些元素的原子量，积累了丰富的元素知识。他还在德国、法国、比利时的一些化工厂考察过，大大开阔了眼界。

　　1867 年，彼得堡大学聘请了这位 33 岁的化学家担任教授，讲授无机化学课。

　　门捷列夫认真准备着讲稿，他发现，这门学科的俄语教材已经很陈旧了，外文教材也不适应要求，迫切需要一本能够反映无机化学最新进展的教科书。他开始编写《化学原理》一书。

　　每天清晨，都会有一位速记员来到他的办公室，由门捷列夫口授，速记员整理。他很快写完了"化学基本原理"这一册。第二册接着该介绍"元素和它们的化学性质"了。

　　这些元素究竟该按照什么顺序排列呢？门捷列夫的写作停下

来了。

是啊，当时还没有一个公认的元素分类法，大学教授在讲授元素时都是按照自己认为最方便的顺序讲起。氧这种元素在自然界中分布最为广泛，许多人都从氧讲起；也有人从氢讲起，因为氢是所有元素中最轻的；也有人从铁讲起，因为铁的用处最大；也有人从金讲起，因为这是元素中最贵重的……

可是，门捷列夫却不满足于这样做。他与一些化学家一样，早就发现某些元素之间存在着极大的相似性。如锂、钠、钾，它们都是金属，化学性质都很活泼，能和水激烈反应，放出氢气。又如，氟、氯、溴、碘等卤素，钙、锶、钡等碱土金属之间也都很相似……门捷列夫认为，这些现象决不是偶然的，一定有着一个一般规律在支配着这些元素，既决定了这些元素相似的地方，又决定了它们的区别。他决心要寻出这种规律来，让元素之间的关系变得简单明了。

发现元素周期表

"安东，到实验室去找几张厚纸来。"门捷列夫对仆人说。

安东走出门，莫名其妙地耸耸肩膀，很快拿来一卷厚纸。

门捷列夫把这些厚纸都打上格子。剪成了一个个长方形卡片，他要做什么呢？他正在筹划进行一个重要的实验。

门捷列夫在每一张卡片上写上元素的名称、原子量、化合物的化学式和主要的性质，一种元素一张卡片，就好像元素的户籍册一样。63张卡片全填好了，现在可以利用这些卡片对元素进行分类排队了。

门捷列夫皱着眉头思考着，每一种元素都有几十种性质，究竟是哪一种性质决定元素的规律呢？是元素的颜色吗？不是。固体的碘是紫黑色的，可是一加热，却变成了紫色的蒸气；磷有红磷，还有白磷……元素的颜色是随着外界条件的改变而改变的。

是元素的化合价吗？也不是。元素在生成不同化合物时化合价也不一样。例如，铁和硫生成硫化亚铁时是正二价，但是与氯生成氯化铁时却变成了正三价。

元素的比重、沸点、硬度、导电性、磁性等也都是随着外界条件变化而变化的。

门捷列夫把目光盯在了原子量上。每一种元素都有它独有的原子量，不管物质是冷的还是热的，不管是红色变种还是白色变种，也不管它和另一种元素生成什么新的化合物，原子量总是不变的，它就好像是元素的身份证。元素的性质应当由这个基本的特征来决定。

门捷列夫想到这一点，但那还只是一个模模糊糊的线索，是不是这样，还要靠事实来验证。

门捷列夫开始摆弄起他的 63 张纸牌来。

他先按照德贝莱纳那样，把卡片三个分为一组，然后按原子量大小排列，但是毫无结果。他又将其打乱重新排列，一遍又一遍……当他按照原子量的大小把性质相似的元素排成一横行，依次排下去时，惊人的事情出现了，原来杂乱无章的元素，现在关系变得清楚了。

从横行来看，一行元素随原子量增加性质越变越活泼。例如：锂、钠、钾、铷、铯中，锂最轻，也最安静，放到水里只发出"咝咝"的声音，不像这一排的其他元素会着火；钾，比钠还要活泼，铷更加活泼；而排在最后的铯，在空气中自己就会燃烧起来。

从竖行看，排在一行的元素性质随着原子量变化有规律地变化着，每隔 7 个元素又重复着上个周期元素的性质，以原子价变化为例：

元 素：	锂	铍	硼	碳	氮	氧	氟
原子价：	+1	+2	+3	+4	+5	-2	-1
				-4	-3		

元 素：	钠	镁	铝	硅	磷	硫	氯
原子价：	+1	+2	+3	+4	+5	-2	-1
					-4	-3	

就像在操场上玩耍的一群穿着红红绿绿衣服的孩子，原来看不出规律，现在让他们按照个子高矮排成一行行，结果发现每一竖行孩子的衣服颜色都是按红橙黄绿青蓝紫变化的，而每一个横行孩子的衣服虽基本都是一个颜色，却越变越深，如从粉到深粉到红到深红……

门捷列夫万分激动，他找到了这个规律，那就是元素的性质和它们的原子量之间存在周期性的关系。

门捷列夫仿佛着了魔，无论白天还是黑夜，在讲台上还是在实验室里，在家中还是在大街上，他都在想着他的元素系统，不时又跑到实验室，对每一处有疑问的地方做实验，验证着他的想法……

1869 年 2 月底，门捷列夫的第一个元素周期表排出来了。同年 3 月 6 日，他应邀到俄罗斯化学会上报告他的发现，可是就在会议前夕，他突然病倒了。最后只好由他的朋友舒托金代他宣读了他的论文，报告了他的伟大发现：1. 按照原子量大小排列起来的元素，性质呈现明显的周期性；2. 原子量的大小决定元素的性质；3. 可以预测未知元素的发现；4. 知道某元素的同类元素后，可以修正该元素的原子量。

两年后，门捷列夫又修改了原来的周期表，把竖排的表格改为横排，突出了元素的周期性和族的规律性，并划分了主族和副族，这样元素的系统性就更清楚了。这个周期表已基本具备了现代周期表的形式。

在门捷列夫发现周期律的同时，我们前面提到了那位德国科学家迈尔也取得了突破性进展，独立地发现了周期律。他修改了他的元素体系，于 1869 年制作了元素周期表，明确指出元素性质是原子量周期的函数。与门捷列夫的第一个表相比，迈尔对族的划分更加完美。

他们两人同时发现了周期律，也正说明了周期律发现的客观条件已经成熟了。

门捷列夫的预言

你也许会想，把元素按照它们的原子量大小一个挨着一个写下去，周期律就自动显示出来了，这是多么简单的事情啊，怎么会有那么多科学家没能一下成功呢？

问题远不是你想象得这样简单，没有广博的化学元素的知识，没有丰富的想象力，没有正确理论的指导，是不可能发现元素周期律的。

当时，有两大难题摆在人们面前：一是许多化学元素还没有被发现，我们今天知道的化学元素有 110 个，当时只发现了 69 个，就好比排队时，许多队员都溜走了，你怎么知道该在哪儿给他们留下位置呢？

第二个难题是当时许多元素的原子量测定得不准确，甚至是错的。作为排队依据的原子量本身就有错，排出的队怎么可能正确呢？既然不是真正按元素原子量大小排的队，那么元素变化的周期性当然也就被打乱了。

迈尔就是被这两个问题给难倒了。他没有给未知元素留下空位置，当原子量与他的理论矛盾时，他只好抛弃了按原子量大小排队的原则，把元素的位置任意颠倒，结果元素性质变化还是不能很好地符合他的八音律。

只有门捷列夫巧妙地解决了这些难题。

他大胆地修正了一些元素的原子量。

例如，按当时原子量的大小，铍应当排在碳和氮之间，可是这样一来，元素化合价有规律的变化就给破坏了。门捷列夫观察了铍以后的元素，排列都很有规律，又查看了前边的元素，发现了一个漏洞，锂和硼之间原子量相差较大，好像缺少了一个元素，而碳和氮之间原子量相差很小，铍夹在中间好像多了一个元素。如果把铍移到锂和硼之间，化合价则立即发生了有规律的变化，可是原子量由小到大的排列顺序却被破坏了。可能性只有两种，或是铍的原子量测错了，或是元素的规律性变化不是由原子量决定的。

根据锂和硼的原子量大小，他毅然抹掉了铍的原子量是 13.5 这个数字，工整地写下了 9，然后跑到实验室重新测定铍的原子量。果然铍的原子量是 9 而不是 13.5，是前人把铍的原子量测错了。

就这样，门捷列夫还修正了铟、镧、钇、铒、铈、钍、铀的原子量，并不顾当时公认的原子量，改排了锇与铱、铂与金、碲与碘、钴与镍的顺序，提出重新测定这些元素原子量的建议。

后来，科学家经过测定，证明了门捷列夫的修正值是正确的，门捷列夫对这几种元素位置的改排也是正确的，不过碲与碘、钴与镍位置为什么要颠倒，那是到后来人们发现原子序以后才解释清楚的。

对未知的元素，门捷列夫根据元素周期律及前后元素的性质，给它们留下了空位置，并且预言了这些元素的性质，甚至在什么样的情况下被发现。其中，最有名的三个未知元素就是类硼、类铝、类硅。

门捷列夫是怎样想到并敢于这样做的呢？他曾对他的朋友这样说道："许多不明了的地方使我为难，但我没有一分钟怀疑过我所做的结论的正确性。"

是的，门捷列夫坚信他发现的周期律是一个普遍的规律，一切元素的性质和他们的原子量是相关的，每一个元素都不是孤立地住在它的小房子里的，而和它四邻的元素性质有密切的关系。对四邻元素性质掌握得越清楚，就越能推算出中间元素的性质。

掌握了规律，并用规律能动地指导实践，进行科学的预测，这正是门捷列夫比他同时代其他人高明的地方。

不过，在当时的一些化学家看来，门捷列夫那么自信地修正一些元素的原子量，并预言一些不存在的元素，这简直是太狂妄了。他们批评道："这是在臆造元素。化学是一个精密的学科，依据的是实在的物质，是无可辩驳的事实，如果把杜撰的东西也搜罗进去，那么这究竟是科学还是相术？"就连门捷列夫的老师也训诫他不务正业。

事实上，门捷列夫绝不是在毫无根据的主观臆测，他根据的正是大量实验和观察中得到的事实，以及从这些事实中抽象概括出的规律，他正是以此为出发点进行了科学的预测。

没过多久，门捷列夫的预言就被证实了。

预言被证实

1875 年 9 月 20 日，巴黎科学院召开例会。院士伍尔兹代表他的学生布瓦博德朗宣读了一封信：

"前天，1875 年 8 月 27 日夜间三四点，我在庇里牛斯山中的皮埃耳菲特矿所产的闪锌矿中，发现了一种新元素……"

布瓦博德朗用分光镜发现了一种陌生的紫色光谱，并且从锌盐中提纯到这种物质。为纪念他的祖国——法国，他给这种元素起名为镓（拉丁文是法国古时候的名称）。

这篇载有镓的发现的法国科学院院报传到了彼得堡，门捷列夫一口气读完了全文，激动万分地说道："毫无疑问，这个元素就是我在1869年预言的类铝。"

的确，镓和类铝性质完全一样，连门捷列夫所说的类铝是一种易于挥发的物质，将来一定有人用光谱分析法把它查出来也应验了。只不过门捷列夫预言类铝的比重是5.9，而布瓦博德朗测定镓的比重是4.7。

门捷列夫当即给布瓦博德朗写了一封信："镓就是我预言的类铝，它的原子量接近68，比重是5.9，请你再试验一下，也许你那块物质还不纯。"

接到门捷列夫的信，布瓦博德朗十分惊讶，因为世界上只有他才是独一无二手中握有镓的人，门捷列夫根本没有这种元素，他怎么能知道这种元素的比重是5.9而不是4.7呢？而且这个人还如此的自信。不过，他还是决定再做一次实验。

果然，他的物质还不够纯。他又一次提纯了镓，并重新测定了镓的比重。结果，他信服了，门捷列夫是对的，镓的比重是5.941。

化学史上第一次一个预言的元素被发现了，这引起了全世界的轰动。门捷列夫的论文被迅速译成法文、英文，全世界的科学家都知道了元素周期律的内容和意义。欧洲十几个实验室的科学家紧张地工作着，他们在搜索门捷列夫预言的另外的尚未被发现的元素。

人们没有等待多久，1879年，瑞典科学家尼尔森在对硅铍钇矿石和黑稀金矿进行研究时，发现了一个新元素，完全符合门捷列夫描述的类硼，他命名这个元素为钪。

1886 年，德国人温克勒在一种含银矿石中发现了一种新元素锗，它的性质与 15 年前门捷列夫预言的类硅是那样的一致。

门捷列夫预言："它的原子量大约是 72。"

温克勒测定："锗的原子量是 72.23。"

门捷列夫："它的比重应在 5.5 左右。"

温克勒："5.74。"

门捷列夫："类硅的氧化物很难熔化，即使用烈火烧也不会熔化，比重约 4.7。"

温克勒："正是这样。"

门捷列夫："类硅的颜色是灰的。"

温克勒："是的，还稍带点白色。"

门捷列夫："新元素与氯的化合物比重为 1.9。"

温克勒："比重为 1.887。"

······

门捷列夫有关锗的一系列预言得到了温克勒的证实。温克勒由衷地说："再也没有比类硅的发现更好地证明元素周期律的正确性了。它不仅证明了这是一个有胆略的理论，还扩大了我们的化学眼界，使人们在认识领域迈进了一步。"

门捷列夫先后预言了 15 种以上的未知元素，后来基本上都被实践所证实了。

考验与发展

随着门捷列夫所预言的元素一个个被证实，元素周期律得到全世界的普遍承认，成为指导人们进行化学研究的重要的理论。

在门捷列夫元素周期律发现之前，许多元素的发现带有很大的偶然性。例如，碘就是库多瓦一次在海藻灰的母液中不小心加多了硫酸，结果突然升起了一股紫色的蒸气，于是歪打正着被发现。

有了元素周期表作参考，人们不必再大海捞针般地寻找新元素了，可以知道大概还有什么样的新元素没有被发现，这些元素的性质大概是怎么样的，应该用什么方法到哪里去寻找。元素周期表上的空白点一个一个被人们消灭了。

但是，就在 1874 年，门捷列夫元素周期律经受了一次几乎使之动摇的严重考验。

英国科学家瑞利发现从空气中除去氧、二氧化碳、水蒸气后得到的氮和从化合物中得到的氮比重不一样。在化学家拉姆齐的帮助下，他发现了一种新元素氩。为研究氩的性质，拉姆齐把钇铀矿与硫酸一起加热，第一次在地球上得到了原先用光谱法发现的在太阳上才有的元素氦。

氩、氦的性质和过去人们发现的元素都不相同，它们非常顽固，无论酸、碱、通电、加热，都不能让它们和任何物质起反应。在周期表中，哪一族也都无法安插它们，如果非要把它们插进已经排得满满的各族中，就会打破元素性质的周期性变化。

莫非是元素周期律错了吗？为了打破这种局面，于是有的人就论证氩不是新元素，而是氮的变种。

拉姆齐不赞同这些看法，他相信元素周期律是一个普遍的规律。他认为，根据元素周期律，应该还有几种类似氩和氦的元素存在，它们可以组成性质类似的族，整个地加入元素周期表。

拉姆齐像门捷列夫那样，也尽可能写下了这些元素的性质，并预见它们的各种关系，与助手一起，开始了寻找新元素的工作。

1898 年，他在分馏液态空气时，终于找到了三个新的稀有元素：氖、氪、氙，它们同氩和氦一样，都是性质不活泼的惰性气体。于是，这 *5* 种性质相似的元素组成了一个新的族，集体加入了元素周期表。门捷列夫及另外一些科学家建议这个族叫零族。

元素周期律又一次经受住了实践的考验。

随着科学技术的发展，今天，人们对元素周期律已经有了更深刻的认识。

元素的性质为什么会随着原子量的变化而呈现周期性的变化呢？现在人们已经搞清楚了。

原来，原子还不是物质不能再分的最小微粒。原子是由带正电的原子核和核外带负电的电子组成的。电子围绕着原子核运动着。

原子核也不是不可分化的，它是由质子和中子组成的，质子带一

个正电荷，中子是不带电的中性粒子。

氢是第一号元素，它的原子核中有一个质子，氦是 2 号元素，它的原子核中有两个质子……铀是第 92 号元素，它的原子核中有 92 个质子……也就是说，某种元素原子核中的质子数，就等于它在周期表上的房间号数，这就是原子序数。

元素的原子核中有多少个质子，核外就有多少个电子。元素的性质之所以会呈周期性的变化，就是由原子核的结构，特别是核外电子的排布决定的。同一族元素，最外层电子壳上的电子数是相同的，因而他们的化学性质相似。

于是，元素周期率的叙述由元素的性质是原子量的周期函数改为元素的性质是原子序数的周期函数。

有了对元素周期律的新认识，许多原来不能解释的现象可以解释了。门捷列夫在元素周期表中把钴和镍、碲和碘的位置颠倒了，他以为是它们的原子量测得不准，可是却一直找不出错来。现在真相大白了，原来按照原子序数的顺序，它们正好该如此排列。

门捷列夫发现元素周期律，是化学史上一个重要的里程碑。他把几百年来大量的化学知识系统化，形成了一个有内在联系的统一的体系，并上升为理论，大大推动了化学的发展。

今天，尽管元素周期律被赋予了新的意义，尽管元素及它们的化合物的性质用元素周期律已不能完全概括，但元素周期律对研究和应用化学依然有着重要的指导意义，它仍然是我们认识世界、改造世界

的重要阶梯。

3．物理化学的开创

奥斯特瓦尔德（Friedrich Wilhelm Ostwald，*1853* 年—*1932* 年），德国化学家，是物理化学的创始人之一。*1853* 年 *9* 月 *2* 日，他生于拉脱维亚的里加。他家境十分贫寒，父亲是一个一贫如洗的手艺人，母亲是一个贫穷的面包师的女儿。多年的流浪经历使父亲备尝艰辛，他定下了一条不成文的家规：宁可做出最大的牺牲，也要为孩子出人头地提供一切机会。也许就是这条家规，促使奥斯特瓦尔德在青少年时期就充分发展了未来创造者的个性和才能。

10 岁的奥斯特瓦尔德进入了里加的一所中学。第一年，奥斯特瓦尔德还是一个遵守课堂纪律、听从教导的学生，后来，他兴趣日益广泛起来，他亲手制作的焰火发出五彩缤纷的光芒，他亲手洗印照片，还没有上过化学课，就总是寻找各种机会亲自动手做化学实验。这么多的兴趣、爱好，分散了他的时间和精力，就这样，这位未来举世闻名的化学大师，*5* 年制的中学，他却读了 *7* 年。尽管广泛的爱好一度耽误了他的学业，但双亲的支持和宽容，没有给他造成更大的心理负担。

奥斯特瓦尔德艰难地迈进中学教育的门槛，*1872* 年入爱沙尼亚多帕特大学学习。大学学制 *3* 年，他仅用了一年半时间就读完了大学课程，显示了他非凡的才能。*1878* 年奥斯特瓦尔德获得化学博士学位。*1881* 年，*28* 岁的奥斯特瓦尔德应聘担任里加工学院的化学教授。

奥斯特瓦尔德在化学动力学研究方面，造诣很深。在里加工学院期间，他把研究触角伸到了化学反应速度、催化作用、化学反应转化率等许多方面。

1884 年，不仅是奥斯特瓦尔德科研的丰收之年，也是他发现了名不见经传的瑞典年轻人阿累尼乌斯的一年。阿累尼乌斯的博士论文是关于电解质溶液方面的。

一开始，阿累尼乌斯的论文受到了包括门捷列夫、阿姆斯特朗等著名化学家的反对，奥斯特瓦尔德开始也认为他的电解质导电的概念纯粹是胡说八道。但经过进一步研究，奥斯特瓦尔德悟出了论文中的深奥哲理。

他在 *1884* 年 *8* 月赴乌普萨拉，拜访了阿累尼乌斯。这次访问是他们毕生友谊和合作的开端。他们规划了一系列重大的物理化学研究项目，这些项目影响了 *20* 世纪化学发展的方向。人们把奥斯特瓦尔德、阿累尼乌斯、范霍夫三人，称为"物理化学三剑客"。

在创立物理化学的过程中，奥斯特瓦尔德的阐释、表达和写作能力，帮了他的两位伙伴的忙。阿累尼乌斯和范霍夫的工作也是经他的手才广为人知的。

在里加工学院，奥斯特瓦尔德开创了两项使他闻名于世的事业。一是出版《普通化学教程》，这部著作涉及的领域十分广泛，它创立了 20 世纪的普通化学和物理化学。另一件事，是奥斯特瓦尔德于 1887 年 2 月创办了《物理化学杂志》。奥斯特瓦尔德明智地认识到，一种专门杂志对于新学科的进一步发展，是必不可少的。该杂志成了科学界物理化学学科的喉舌，成为连接各国物理化学家的纽带。

1887 年 9 月，奥斯特瓦尔德到德国著名大学莱比锡大学任物理化学教授，开始了他学术生涯的黄金时代，使他进入了科学史上屈指可数的伟大科学家的行列。

莱比锡大学的条件无疑是优越的。奥斯特瓦尔德的化学列车开始全速前进了。他在莱比锡建立的著名学派，主要以阿累尼乌斯的电离理论、范霍夫的溶液渗透理论，以及热力学对溶液和化学平衡的应用为基础。

但是，这一切与他 1888 年发现的稀释定律贡献相比，又相形见绌。该定律的历史意义在于，质量作用定律首次被用于弱有机酸和弱碱稀溶液。奥斯特瓦尔德稀释定律，最先将质量作用定律应用于电离上，在历史上起了重要作用。

1894 年，奥斯特瓦尔德立足于离子平衡原理，提出了酸碱指示剂理论，最先对酸碱指示剂的变色机理给予解释，奥斯特瓦尔德指示

剂理论到现在还为分析化学所采用。同年，奥斯特瓦尔德建议将分析化学的反应看成是离子间的相互作用。他提出过错误的"唯能论"，后来在实验事实面前，他修正了自己的观点。

19 世纪的最后 10 年，奥斯特瓦尔德还对催化作用进行了系统的定量研究，揭示了催化剂的特点及规律。1898 年奥斯特瓦尔德兼物理化学研究所所长。1902 年，他发明了由氨经过催化氧化制造硝酸的方法，后称奥斯特瓦尔德法。同年，奥斯特瓦尔德的研究成果《论催化作用》出版，震动了整个化学界。奥斯特瓦尔德指出："催化剂只能改变化学反应速率而不能影响化学平衡，它的催化作用是由于降低了活化能的缘故。"正是鉴于"在催化作用与化学平衡和反应速率方面的工作，以及由氨制硝酸的方法"等贡献，奥斯特瓦尔德荣获了 1909 年的诺贝尔化学奖。

在莱比锡大学时期，奥斯特瓦尔德在物理化学建设方面做了大量细致的工作。首先是教科书的建设。他编著的《电化学：它的历史和学说》，是一本长达 1 100 页的巨著。《实用物理化学测量手册》则为人们提供了方便实用的实验工具书。其次是物理化学研究机构的建设。奥斯特瓦尔德除担任专门的化学联合会的领导之外，还创立了德国电化学学会，并出任第一届主席。

1906 年夏天，53 岁的奥斯特瓦尔德提前退休了。奥斯特瓦尔德年老时还致力于研究颜色学，这使他成为 20 世纪起主导作用的颜色学研究者之一。*1932 年 4 月 4 日*，奥斯特瓦尔德卒于莱比锡。

奥斯特瓦尔德将物理化学建成化学的一个独立分支，他是物理化学的奠基人，他所开创的物理化学领域，正日新月异地向前发展。

4. 薛定谔方程的发现

和 *20* 世纪来临相伴随的是一场深刻的物理学革命。从此，古典物理学让位于现代物理学。现代物理学的基础和框架是什么呢？是量子力学。量子力学发端于爱因斯坦的相对论和普朗克的量子论，继之以玻尔的原子结构论，完成于 *20* 年代中期的薛定谔方程。普朗克称薛定谔方程"奠定了现代量子力学的基础"。

埃尔温·薛定谔（Erwin Schrödinger，*1887 年—1961 年*），奥地利物理学家，为发展量子力学做出了重大贡献，因建立描述电子和其他亚原粒子的运动状态的波动方式，而与狄拉克共获 *1933* 年诺贝尔物理学奖。他是怎样创造出"奠定现代量子力学基础"的方程式的呢？在科技高度发展的现代，薛定谔仍是物理学出版刊物中出现频率颇高的学者，他推开了波动力学的大门。

薛定谔 *1887 年 8 月 12 日* 出生于维也纳一个手工业者家庭。老薛定谔是一个文质彬彬的绅士，他受过多种教育，热爱自然科学和艺术，有深厚的文化修养，幼年的薛定谔受到父亲的深刻影响。

薛定谔只进过一次小学的校门，时间不足两个月，他的启蒙教育主要是由家庭教师和父亲担任。儿童时代的薛定谔就能流畅地使用英语等多种语言，*11* 岁时，薛定谔进入了维也纳高等专科学校的预科。这时的薛定谔已经偏重于发展对自然科学的兴趣与爱好，表面上他是一个各方面都无可挑剔的学生，内心里却只偏爱数学和物理。最终，这名一直受到各科老师宠爱的学生，进入了维也纳大学物理学院。在那里有著名的物理学家哈泽诺尔和实验物理学家埃克斯纳。

1910 年，薛定谔在哈泽诺尔指导下，获得了博士学位。毕业后他幸运地留校担任埃克斯纳的助手。在这一时期，薛定谔受到了实验科学方面的严格训练，获得国家科学的大奖。哈泽诺尔和埃克斯纳终于把薛定谔铸造成了一位新的科学大师，就像他们的老师玻尔兹曼一样。

经过几次调动后，薛定谔最后落脚在瑞士风光美丽的旅游城市苏黎世，他的生命交响乐中最辉煌的主旋律开始了。但是温馨恬静的苏黎世，并没有成为科学家的世外桃源，物理学的黑色风暴开始席卷整个欧洲。

当卢瑟福发现原子结构以后，*1913* 年他的学生玻尔把量子论与经典电磁理论结合，成功地提出了原子结构的量子理论，特别是用轨道量子化比较理想地解释了实验现象。

"玻尔理论是量子理论发展的一座里程碑，后来，德国物理学家海森堡等人从原子光谱数据的内在联系出发，建立了描述微观粒子状态的矩阵力学，才突破了理论上的旧格局。

薛定谔主要是在第一次世界大战后开始关心原子结构问题的，他对玻尔的理论很不满意。他一方面应用玻尔量子论从事研究，另一方面试图发展它、突破它。1919—1923 年，薛定谔涉足了原子结构的几乎所有领域，取得了一系列扫清外围障碍式的科研成果。他坚持认为，玻尔理论应作为某种问题自然导出，但却苦于无法找到适当的突破口。

1924 年，法国物理学家德布罗意的波粒二象理论，为薛定谔建立波动力学打开了第一扇大门。而爱因斯坦从德布罗意的理论中悟出了真理，并发表了关于理想气体量子统计的论文，这引起了薛定谔的注意。

从 1926 年 1 月 26 日到 6 月 22 日，薛定谔接连发表了 6 篇关于量子力学的论文，这些论文融玻尔理论、海森堡矩阵力学、哈密顿相似关系和德布罗意波理论为一炉，从而使波动力学成为一个有效的完整体系。

怎样描述原子内部电子运动的状况，从汤姆孙发现阴极射线粒子流即电子以后，一直困扰着物理学家。现在问题解决了，了解电子的运动状况，只要用薛定谔方程就可以解出。薛定谔方程对于核外电子的运动，如同牛顿三定律对于宏观物体的运动一样。这就是薛定谔方程的地位。

波动力学的问世，在物理学界引起了轰动，受到大多数物理学家的赞赏并得到广泛运用。它不像矩阵力学那样遭人冷遇，因为波动力学采用的是经典理论常用的偏微分方程描述方法和易于理解的概念，这是大多数物理学家所熟悉的。

薛定谔晚年一直致力于用量子力学来促使生物学和物理学的统一研究，用波动力学的最新成就和方法分析生命现象。1944 年，薛定谔的《生命是什么》一书出版。这本不足 100 页的小册子在科学界再次引起了"薛定谔轰动",极大地推动了量子生物学的发展。

　　《生命是什么》一书引起的轰动,不亚于 18 年前的波动力学方程的建立。作为量子力学创始人之一的薛定谔,提出用热力学和量子力学研究生命的本质,预告了生物学革命新时代的黎明。《生命是什么》的出版很快吸引了一大批年轻物理学家进入这个充满胜利希望的前沿阵地。

第五章

学生数学发现的启迪

1. 数的善与恶

一提起毕达哥拉斯的名字，人们首先想到的是他那著名的定理，按照这个定理，直角三角形的两条直角边的平方和等于斜边的平方。

据说，公元前 580 年，毕达哥拉斯出生于萨莫斯岛，人们因此称他为毕达哥拉斯·萨摩斯基，以免和另一个叫毕达哥拉斯·列基斯基的雕刻家相混淆（后者也出生于萨莫斯，但是在列基亚城生活和工作）。按照当时许多富有的年轻人的惯例，毕达哥拉斯年轻时曾经多次进行对他颇为有益的旅行。他游历过巴比伦、地中海东岸各国和埃及。他在埃及时，正值波斯国王冈比希侵略这个国家。在一座高大的金字塔的石墙附近，毕达哥拉斯和其他人一起被俘。可能和别人一样，有一段时间他变成了奴隶。可是，他作为一位圣贤和术士的声望在当时已经如此之高，以至于当冈比希国王得知是谁成为他的俘虏时，当即命令马上释放毕达哥拉斯，还极为诚挚地向他道了歉。

当毕达哥拉斯返回故乡萨莫斯时，人们把他当作一位伟大的学者和术士来欢迎。据说，他从到东方游历那时起，就接受了穿当时迦勒底术士所穿的豪华的衣服的习惯。这种衣服其中一个主要部分就是有一条华美的头饰。有一幅毕达哥拉斯的画像，画的就是戴着外国式样的华丽的赫拉克勒斯（希腊神话中最伟大的英雄）式的威武的形象。

萨莫斯岛上的青年开始聚集在这位圣贤的周围。这些青年大都出身于贵族家庭。这样，就成立了学校。这所学校的一切都仿照东方的习俗，笼罩着不可思议的神秘气氛。例如，据说不是所有的毕达哥拉

斯门生都有资格见到自己的老师。那些既有资格见到老师，又有资格听他教诲的，才是名副其实的学生。而那些只有资格听课，却见不到老师的，被称为旁听生。有些杜撰毕达哥拉斯传记细节的无聊作者由此推断说，毕达哥拉斯教书的房间是用麻布一隔两半的，老师本人所在的那半间坐着学生，另半间留给旁听生用。

在学校学一些什么呢？主要是哲学和数学。古希腊时期，这两个学科不像我们今天所看到的这样彼此分开。当时，每一位哲学家通常也是数学家，反之亦然。

毕达哥拉斯学派特别喜爱的数学领域之一是数论。毕达哥拉斯学派认为，世界万物都是数。他们发现，在用力相等的情况下，弦长的比数等于 2：3 或 3：4 等自然数的比数时，各弦就同时发出谐音。他们把这种局部的现象推及整个宇宙。这样，按照他们的学说，地球、月亮、当时已知的所有的行星及太阳都围绕着某个中心火球的球面旋转。这些球面的半径同样也有和发出谐音的弦长那样的比数。任何可以列举出来的宇宙中的物体，在其运动时似乎也都发出这样的谐音。

尽管毕达哥拉斯学派的宇宙构造论带有神秘的性质，尽管毕达哥拉斯学派所指的这个中心不是太阳，而是某个不存在的中心火球，但地球围绕着某个中心旋转的思想却是正确的。

毕达哥拉斯学派把所有的整数分为善的和恶的两种。奇数为善的，偶数为恶的。单位数 1 被认为既是善的又是恶的开始，因为善的奇数加上它就变成为恶的数，而恶的偶数加上它就变成为善的奇数。

毕达哥拉斯学派中的许多思想都在数学中得到了进一步的发展。毕达哥拉斯学派所研究的数论中自然提出了许多问题，由此导出了非

常重要而又难以得到的结果。

在毕达哥拉斯学派正陶醉于这种宇宙的整数谐音的时候，他们发现，原来还有一些不能写成整数的比数的数。例如，$\sqrt{2}$ 就是这样一个数。这使他们大为震惊。

为了回答这个问题，我们还是回到毕达哥拉斯定理上来。我们不禁想到，一个直角三角形的两条直角边的平方和等于斜边的平方。这里，我们会取一个每条直角边都等于 1 的等腰直角三角形。那么，根据上述定理，斜边的平方等于 2，因此斜边本身等于 $\sqrt{2}$。但是，$\sqrt{2}$ 不可能写成两个整数的比数。今天，大家都知道这个数是无理数。毕达哥拉斯学派显然没有明确的无理数的概念，但是他们发现了这样一个事实，就是有些线段的长度无法使它们和整数的比数相等。这一发现从根本上和他们的"整数"哲学相抵触。

理论本身是人类实践活动的产物，对于理论具有价值的东西，从实践这个词最直接的意义上来说，归根到底，对于实践也是重要的。

2．惊人的预言

自牛顿和莱布尼兹创立微积分到现在，已经三个世纪了。恩格斯说："在一切理论成就中，未必再有什么像 17 世纪下半叶微积分的发明那样，被看作是人类精神的最高胜利了。"

下面，讲几个早期的例子，看看微积分是怎样推动自然科学向前发展的。

地球的模样

18 世纪的欧洲，随着科学的进步，人们逐渐认识到地球不是一个很圆的球体，而是有一点扁，是一个扁球体。地球是怎样扁法的呢？在那时却有着两种截然不同的认识，形成了两个对立的学派。

一派是以法国巴黎天文台台长卡西尼为首的法国科学家。他们根据法国哲学家笛卡尔的宇宙学说，认为地球在南北两极是伸长的，像一个直立的鸡蛋。但是，牛顿利用力学原理，用微积分等数学工具，对地球的形状进行了计算，算出地球的形状在两极是扁平的，扁平率为 $\frac{1}{230}$。这就形成了另一派。两派争论激烈，谁也说服不了谁。

为了得出真相，1735 年，法国巴黎科学院同时派出两支测量远征队，进行大地测量，以便判定谁是谁非。一支测量队到南美秘鲁的别鲁安，另一支测量队到北方的拉普兰德。测量的结果，表明了地球是扁平的。

地球扁平形状的确定，是牛顿力学的胜利，也是微积分的胜利。

哈雷的功绩

彗星是一种特殊的天体。它有一颗明亮的彗头，拖着一条美丽的彗尾。在很长的时期里，人们不了解彗星是什么东西，以为它在天上一出现，地上就要发生大灾大难。

科学从它产生的那天起就是反对迷信的。1682 年，英国天文学家哈雷，对那一年出现的一颗彗星进行了计算，又整理了从 1337 年以来有关彗星的记录。他根据微积分计算出来的结果，宣布这颗彗星在 1758 年还要回来。

这颗彗星的按期出现，证实了哈雷预言的正确，为了表彰哈雷的功绩，后来，人们就把这颗彗星叫做"哈雷彗星"。

在我国史书上，有这颗彗星出现的最早和最完整的记载，第一次是在公元前 *613* 年。

发现海王星

太阳系有九大行星。由里往外数，最外面的三颗，依次是天王星、海王星和冥王星。这三颗行星，因为离地球越来越远，不容易看到，所以一个比一个发现晚。

1781 年，英国天文学家赫歇耳，用望远镜发现了天王星。在研究天王星运行轨道时，发现实际观察的轨道，与根据力学原理，用微积分等数学工具计算出来的轨道不相符合。这是为什么呢？当时就有人预言：在天王星的外面，可能还存在着一颗尚未发现的新行星。可是，在无边无际的天空，到哪儿去找这颗新行星呢？

64 年过去了。到了 *1845* 年，英国剑桥大学数学系学生亚当斯，根据力学原理，利用微积分等数学工具，进行了一系列困难的计算，算出了这颗新行星的轨道。这年 *10* 月 *21* 日，他把计算的结果，寄给了英国格林威治天文台台长艾利，可惜没有引起重视，也没有人用望远镜去寻找这颗新行星。

比亚当斯稍晚，法国巴黎天文台青年科学家勒威耶，用微积分等数学工具，计算了由几十个方程组成的方程组，算出了这颗新行星的轨道。*1846* 年 *9* 月 *18* 日，勒威耶写信给当时拥有详细星图的柏林天文台的伽勒。他在信中写道："请你把你们的天文镜指向黄经 *326°* 外的宝瓶座内的黄道的一点上，你就将在离此点的 *1°* 左右的区域内，发现一个圆面显明的新行星。"伽勒于 *1846* 年 *9* 月 *23* 日夜间，就在离所指点相差 *52′* 的地方，发现了这颗新行星。人们给它取名海王星。

这颗新行星的发现，完全是根据力学原理，用微积分等数学工具算出来的。因此，人们称海王星为一颗笔尖上的行星。

1915 年，美国天文学家洛韦耳，用同样方法算出了太阳系中最远的一颗行星——冥王星的存在。1930 年，美国的汤波真的发现了这颗行星。

利用微积分进行计算，人们还解决了月亮会不会撞到地球上的问题。

当时天文观测的结果表明，月亮的轨道正在不断缩小。人们开始担心是不是有那么一天，月亮会和地球相撞呢？后来用微积分计算，证明了月亮轨道的缩小是周期性的，缩到一定程度后还要开始膨胀，根本用不着杞人忧天，担心月亮和地球相撞。

一门生命力强的学科，必须有坚实的理论基础。微积分的基础是极限理论。微积分创立于 17 世纪，可是极限理论的提出却相当晚，它是在 19 世纪，由法国的柯西和德国的维尔斯特拉斯提出来的。

在极限理论产生之前，人们对微积分的基础有着各种不同看法和争论。当时，虽然在科学研究中广泛使用微积分，可是对于什么是微积分的基础，却没有一个共同的认识。恩格斯说过："大多数人进行微分和积分，并不是由于他们懂得他们在做什么，而是出于单纯的相信，因为直到现在得出的结果总是正确的。"

极限理论的产生，统一了人们的认识，推动了微积分的发展。

1960 年，美国数学家鲁滨逊运用数理逻辑的科学方法，把微积分建立在一种新的数学理论之上。科学家为了区别以极限理论为基础的微积分，把在新基础上建立起来的微积分叫做"非标准分析"。

非标准分析问世 20 年来，引起了数学界的广泛注意，也产生了一些不同的看法。有的数学家认为，非标准分析比传统的微积分更严

谨，更适用于进行理论上的探索。也有的数学家认为，非标准分析把传统微积分中丰富的思想砍掉了。

认识在争论中提高，科学在争论中发展。明天的微积分，一定会更加完善和充实。

3. 二十世纪数学的领航人

1900 年的夏天，在巴黎塞纳河畔举行的第二次国际数学家代表大会上，一位 *30* 多岁的年轻数学家在他所做的报告《数学问题》中，提出了 *23* 个数学问题，总结了他那个时代的数学研究。在此后的数十年里，这 *23* 个问题几乎完全左右着数学发展的方向，对 *20* 世纪的数学发展产生了巨大的影响，为许许多多的数学家带来了欢乐，也带来了苦恼。这个提出 *23* 个问题的人，便是德国数学家戴维·希尔伯特（David Hilbert，*1862* 年—*1943* 年）。后来，这 *23* 个问题被称为"希尔伯特问题"。

希尔伯特于 *1862* 年 *1* 月 *23* 日生于德国的哥尼斯堡（现今为俄罗斯的加里宁格勒）。希尔伯特的母亲是一位对哲学和天文学极有兴趣的女性。希尔伯特从小便受到母亲的熏陶，这为他后来的成长产生了良好的作用。

希尔伯特幼年时记忆力很差，反应速度也极慢，经常受到老师的批评。后来上中学时，他结识了犹太人闵可夫斯基家才华出众的三兄弟。希尔伯特希望自己能像闵可夫斯基兄弟那样，受到人们的尊重。他努力克服自身的弱点，深入体会数学中的概念，在闵可夫斯基兄的影响下，希尔伯特找到了他喜爱的科目——数学。

后来，他分别在哥尼斯堡大学、海德堡大学学习。数学名家富克斯的数学思想深深影响了希尔伯特，后来他又返回哥尼斯堡大学。不久，闵可夫斯基、希尔伯特和年龄稍大一些的赫维茨，成了哥尼斯堡数学圈子里著名的"三剑客"。他们几乎讨论了数学各个领域的问题，相互交换获得的研究成果，交流彼此问的想法和研究设想。

希尔伯特大学毕业以后，进行了一次成效显著的学习旅行，这次旅行使他弥补了因身居哥尼斯堡小城而造成的孤陋寡闻的缺憾。希尔伯特拜访了德国数学界的传奇人物克莱因。他选听了克莱因的课，还参加了克莱因的一个讨论班。他深为克莱因所器重，克莱因推荐他前往法国巴黎。在巴黎，他了解到国际数学界的研究状况，大大地开阔了眼界。

后来回到优美宁静的哥尼斯堡，希尔伯特沉浸在关于不变量理论的果尔丹问题里。这一问题，数学家已经花费了很大的力气。但只经过半年的艰苦攻关，果尔丹问题居然被希尔伯特解决了。

1895 年，应克莱因之邀，他来到数学家高斯的故乡哥廷根。来到哥廷根不足一年，希尔伯特和闵可夫斯基合作，完成了一篇关于数论研究方面的综合论文，成为数论领域中的经典作品。不久，又发表了《相对阿贝尔域理论》的论文，建立了探讨"类域"论所必需的方法和概念。这是希尔伯特独创性的显露。1898 年—1899 年，希尔伯特编著了囊括整个几何学领域的重要著作《几何基础》，获得科学界的称赞。

在人们的赞叹声中，希尔伯特瞄准了著名的"狄里克莱原理"。直到 19 世纪末，数学家仍把对这个原理的探索看作"死胡同"，

然而希尔伯特却，"复活"了狄里克莱原理，在国际数学界震动一时。

20世纪来到了，希尔伯特的数学兴趣更广泛了，他几乎涉足了数学的全部领域。在闵可夫斯基和赫维茨的协助下，1920年夏，在第二次国际数学代表大会上，他提出了著名的"希尔伯特问题"。随着狄里克莱原理的解决，他为数学分析的精确性和逻辑无矛盾性奠定了重要基础。

1912年，希尔伯特50岁，关于微积分方程的成果，使他走进数学与物理的边缘地区。这一年，他发表了一篇有关气体分子运动论方面的基础论文，宣告了自己的兴趣点已经转向物理学方面。

20世纪初期，以物理三大发现为序幕，在量子力学和相对论两个领域，现代物理学进行了一场深刻的革命，现代物理学硕果迭出，成为时代发展的热点。当时，由于新的物理学尚未迫使经典物理学退出历史舞台，物理学领域在外行人看来显得一片混乱。

希尔伯特相信运用公理化方法可使物理学摆脱混乱,但他也承认,光靠数学的力量解决不了物理学问题。这时，希尔伯特求助他的老朋友索末菲给他介绍最新的物理学成就.索末菲是一位优秀的物理学家,在量子理论和原子结构等方面有很深的研究。他不仅耐心地向数学家希尔伯特介绍了物理学家的重大发现，而且专门派他的一名学生，到哥廷根作希尔伯特的助手。虽然希尔伯特在理解艰深、晦涩的物理概念上显得很迟缓，但是他一经理解发生在物质微观领域中的事物本质，就能够抓住要领。1915年冬季，伟大的物理学家爱因斯坦获得了研究决定引力场与微分形成的系数的相互关系方面的结果，并且先后发表了两篇广义相对论的论文。事实上，希尔伯特则用了完全不同的、

更为直接的方法，独立地解决了类似课题，并于同年 11 月 20 日向哥廷根科学协会提交了论文，仅比爱因斯坦第一篇论文晚了 9 天，而早于爱因斯坦第二篇论文 6 天。

希尔伯特坦诚地承认，广义相对论这一伟大思想，应该归功于爱因斯坦。他认为爱因斯坦关于广义相对论的几何抽象更完善。1915 年，希尔伯特推荐爱因斯坦荣获鲍耶奖。

希尔伯特一生追求确立数学的相容性，追求纯粹数学演绎过程的无矛盾性，成为数学发展史上形式主义流派的创始人，有力地推动了数学的发展。特别是他提出的 23 个希尔伯特问题为 20 世纪数学研究指明了方向。

希尔伯特去世后，得到了这样的评价："他像长河上的唯一一座大桥，不论人们来去何方，都要经过它。因为它连接两个数学世纪。"

4. 科学通才创建控制论

控制系统是什么？其实并不神秘。人体就是一个灵敏的控制系统。人手不经碰到热水，会下意识地缩回来。这是来自手的刺激传递给大脑，大脑向肌肉发出"收缩"的指令。例如，遥控器、自动开关、空调器、电冰箱等都有繁简不同的控制系统。电脑也是很典型的控制系统。

首创控制论的人是诺伯特·维纳（Norbert Wiener, 1894 年—1964 年，美国数学家，建立了控制论科学。他对数学预测理论和量子理论等领域都提出了新的概念，被称为"控制论之父"）。

维纳1894年生于美国密苏里州哥伦比亚。维纳的父亲是俄籍犹太人，也是著名的哈佛大学语言学教授，年轻时曾当过小贩、清洁工，好学而富有进取心，靠自学取得教授的职位。他对儿子管教严格，希望他早日成才。

由于家中藏书甚多，这为维纳创造了良好的读书条件，他自幼养成广读书刊的习惯，4岁开始阅读书籍，7岁就能看但丁和达尔文的著作，并能流畅地阅读历史、语言、数学书刊。8岁时他开始学解析几何学……维纳儿童时代就被人们看成"神童"。

维纳9岁进入中学，11岁便写出第一篇哲学论文《关于无知的理论》。12岁上大学，在大学里维纳的兴趣也不时地转换，先攻数学，后来又转到哲学、语言学，很快便通晓十国语言，对汉语也颇有研究。18岁时，他取得哈佛大学数理逻辑学博士学位。

维纳取得博士学位之后，先后到英国、德国和法国留学。在英国剑桥大学，维纳在著名数学家、哲学家、逻辑学家罗素等人的指导下，学习数学基础、数学逻辑及爱因斯坦的相对论等科学新成果。他接触和熟悉了世界科学技术前沿的重大问题，这对他日后创立控制论起到了潜移默化的作用。

26岁的维纳受聘到麻省理工学院任教，其在数学方面的研究日益深入，且获得了重大成就。他对数学的主要贡献是：提出无限维空间的一种测度，后人将其命名为"维纳测度"；制定复平面上的傅里叶变换理论；发展了外推理论和平稳随机过程的滤波理论。1993年，维纳在数学方面的研究成果已享有相当高的声誉，37岁时他当选为美国数学会会长。

维纳十分熟悉中国，他下功夫掌握了汉语，对中国人民有深厚的感情。*1935—1936* 年间，维纳应邀来中国讲学，在清华大学讲授数理方面的课程。此时，维纳与他的学生、清华大学教授李郁荣合作，发明了新式继电器，在机电一体化方面获得了较大飞跃。这些成果为维纳后来完成控制论的创立，打下了基础。

从某种意义上说，维纳就是在中国这个地大物博的文明古国里，创立和奠基了控制论。自 *20* 世纪 *30* 年代末起，维纳参加哈佛医学院罗森勃吕特博士主持的科学方法讨论会，从而使他的控制论思想得以脱颖而出。

控制论的提出，首先是由于战争的需要。*1940* 年，正是第二次世界大战中法西斯希特勒最猖獗的时候，法西斯德国出现了超音速飞机，高炮要瞄准目标很困难，肉眼观察，误差太大，急需安装自动控制系统，准确地预测飞行目标，增加高炮命中率。维纳和美国等反法西斯国家的科学家都加入防空自动控制的研制工作。

有一天维纳在郊外散步，遇到一位打鸟的猎人。猎枪随着飞鸟不断移动位置。他由此得到启发：高炮打飞机和人打鸟的道理是一样的，目标偏左时，就向左进行一个校正，向右也同样。人的神经系统和机器的自动控制极为相似，都是通过从外界获取目标差距的信息，传达给中枢，发出指令，控制的过程实际就是不断传递信息的过程，这需要反馈信息来进行调节。

控制论是把自动调节、通信工程、计算机和计算技术，以及神经生理学和病理学等以数学为纽带联结在一起，在这些学科相互作用的基础上形成的新学科。它主要为自动控制、人工智能、系统控制等提供理论依据。

　　1948 年，维纳的著作《控制论》一书出版，把"控制论"定义为"关于机器和生物的通讯和控制的科学"，宣告了这门学科的诞生。

　　控制论诞生不久，就与电子计算机相互结合，从而得到迅速发展，相继出现了工程控制论、生物控制论等新兴学科。1964 年，经数学学会提名，维纳获得了美国总统颁发的国家科学奖章，以表彰他致力于创造性科学的事业，对人类文明和进步做出的卓越贡献。可惜，几个星期之后，维纳心脏病发作，不幸于 1964 年 3 月 18 日病逝，享年 70 岁。

第六章

学生生理发现的启迪

1. 奇妙的绿色"工厂"

地球上有家奇妙的"工厂",那就是"绿色工厂"。

你知道吗?这家"工厂"已有二十亿年的历史。它从开办的那天起,就采用自动化生产,比现代电子计算机控制的工厂还要精密、灵巧;它的原料、动力都很巧妙地取之于大自然,用不着花钱购买;它的体积小到只有在电子显微镜下才能观察到。但是,它生产的食品却多得惊人,全世界几十亿人口、上百万种动物都得直接地或者间接地依靠它生存。

这么奇妙的"工厂",当然要引起人们的注意。长期以来,许多科学家为了叩开"工厂"的大门,洞察其中的秘密,曾呕心沥血,不辞劳苦,一代接一代地对它进行探索。直到现代,"绿色工厂"之谜才逐步被揭开。

一片绿叶好比一个工厂

"绿色工厂"开设在哪里?它就开设在绿色植物的叶片内。

植物叶片的形状各式各样,有蒲扇似的棕叶,巴掌似的梧桐叶,眉毛似的柳叶,缝衣针似的松叶,等等。它们都是由许多绿色的细胞组成的。在显微镜下面,你可以看见细胞里有许许多多绿色的颗粒,这就是叶绿体。每个叶绿体都可以单独地进行光合作用。一个叶绿体好比工厂的一个车间。

你也许感到诧异,那一片片随风摇曳的绿叶怎能容得下那么多的"车间"、摆得进那么多的"机器"?

好,我们先来了解一下"工厂"的布局和设备吧!请你在庭院随手摘一片阔叶片,肉眼能够看到的是叶片的正面和背面都有一层表皮,即上表皮和下表皮。用小镊子撕去表皮，露出叶肉，叶肉中间分布着许许多多叶脉。

如果把叶片纵切成薄片，放在低倍显微镜下观察，就可以看到上下表皮好像是"工厂"的围墙，它是由一层排列得很紧密的细胞组成的。表皮向外一面的细胞壁上，有一层透明的、不易透水的角质层，它既能让阳光透过"围墙"进到"车间"，又可以保证"工厂"内部的水分不会轻易地散发出去。

叶片表皮上有许多很小很小的孔，叫气孔。气孔是由两个半月形的保卫细胞围成的，保卫细胞的壁调节着气孔的开闭。

气孔有多大呢？一般用微米来表示（一微米等于千分之一毫米），据测量，一个气孔宽约 $3 \sim 12$ 微米，长约 $10 \sim 40$ 微米。

叶片的上下表皮都有气孔。一般地说，下表皮的气孔数目比上表皮多一些。不过，不同的植物也不一样，比如苹果叶片的气孔都在下表皮，莲和睡莲叶片的气孔只在上表皮。叶片上面的气孔多得惊人，通常在一平方厘米的叶面积上就有 $100 \sim 16\,000$ 个。气孔的面积约占叶片总面积的 $1\% \sim 2\%$。空气和水就从这里进进出出。

气孔的开闭运动，是由保卫细胞的含水量决定的。

一般地说，在温暖晴朗的天气里，叶片照光以后气孔就开放，黑暗降临时气孔就关闭。但是，外界环境的水分和温度也影响气孔的开关。缺水的时候，气孔关闭；温度超过 $25℃$ 时，气孔也关闭。你看气孔的开闭跟外界条件的关系多么密切呀！这也是植物对外界环境的一种适应性。

在叶肉里有成束的叶脉，其中包括导管和筛管，它和根、茎的导管和筛管连通。叶脉像一条条四通八达的运输线，源源不断地把原料输送到"工厂"里来，同时把产品运出"厂"，供应植物体各个部分的需要。叶脉还是支撑叶片的桁架。

叶片中的主要部分是叶肉，它的重量或者体积占整个叶片的 90 % 以上。叶肉是一群夹在上下表皮之间的薄壁组织。靠近上表皮的叶肉细胞呈圆柱形，排列得比较整齐，像一根根栅栏，叫做栅栏组织。接近下表皮的叶肉细胞，形状不规则，排列得很疏松，细胞之间空隙比较大，很像海绵，叫作海绵组织。

如果用高倍显微镜来观察叶肉的话，首先跃入你眼帘的是一粒粒晶莹剔透的好像绿宝石似的叶绿体。

高等植物的叶绿体形状像透镜，平均直径有 10 微米左右，厚有 2 微米左右。每个绿色细胞中叶绿体数目不一样，从几个到几十个。上下层细胞所含叶绿体的数量也不一样。蓖麻叶的栅栏组织里，每个细胞约有 36 个叶绿体，海绵组织的细胞里只有 20 个左右。高等植物的叶绿细胞内所含的叶绿体数目较多，每个细胞里有几十个到 100 个，甚至还要更多。而绿藻中数量很少，比如衣藻细胞里只有一个叶绿体，星接藻细胞里有两个叶绿体。

后来，科学家根据电子显微镜的观察，知道叶绿体外面被两层透明的膜包着，里面是许许多多层绿色的膜，叫作层膜。这些层膜里面含有叶绿素，并且浸在水里。因为有了它们，叶片才绿得醉人。

叶绿素不仅把植物装饰打扮起来，给人以美的享受，更重要的，它是"绿色工厂"的"机器"，有了它，"工厂"才能产出产品。

叶绿素分子的数量大得惊人，一个层膜单位里约有一百万个叶绿素分子，这样，一片绿叶中的叶绿素分子的数量便是很多很多的了。如果按重量计算，它又小得出奇，平均只占叶片重量的千分之一。一平方厘米绿叶面积内，只有 0.2 毫克叶绿素；一万平方米土地的绿色植物，也只有 13 千无左右的叶绿素。

"工厂"的原料

"好雨知时节，当春乃发生。

随风潜入夜，润物细无声。"

这是唐代大诗人杜甫写的《春夜喜雨》中的诗句，意思是好雨也懂得适应季节，随着微风在夜里悄悄地洒落，使万物受到雨水的滋润。

在自然界里，所有生物的生命活动都离不开水。而对植物来说，更有另一种意义：水是"绿色工厂"的重要原料。没有水，"车间"就开不了工。

有句成语"根深叶茂"是很有道理的。一棵健壮的植物具有庞大的根系，植物主要是通过根的幼嫩部分特别是根毛，从土壤中吸收水分。植物的根毛多得惊人，一株玉米的根，每平方毫米的面积上约有420条根毛，豌豆的根上每平方毫米约有230条根毛。

植物的根不仅数量多，有的还埋得很深。非洲的巴恶巴蒲树，它的根毛区就长在地下35米深的地方，专门吸收地下水。有趣的是，有些植物的根直接长在水中，比如浮萍，随风漂流。有些植物的根悬空生长，比如广东、广西、福建等地的榕树，它用气根吸收空气中的水分。气根上面虽然没有根毛，可是在根尖的表面有许多层死细胞，细胞壁比较厚，上面有一些小孔，能够吸收空气中的水分，这些死细胞叫做根被。

除了水，二氧化碳也是"绿色工厂"的重要原料。

二氧化碳来自空气。前面讲过绿色植物叶片的表皮上布满了气孔，每个气孔都和叶肉细胞的间隙相通。气孔除调节植物用水以外，还用来吸收空气中的二氧化碳。据估计，地球上植物叶片的气孔，每年要吸进去1 500亿吨二氧化碳。如果你要检验一下二氧化碳对于植物的作用，只要在叶片表面涂上一层薄薄的凡士林就可以了。凡士林把气

孔堵塞住，空气中的二氧化碳就不能"跑"进去，要不了多久，叶子就枯萎了。

光有水和二氧化碳，"绿色工厂"也还不能开工，它还需要有动力，那就是阳光。

"工厂"的动力

"绿色工厂"要开工生产，就必须有充足的太阳光作为动力，才能发动"机器"，制造产品。

太阳光对"绿色工厂"的生产有多大影响？你可以做个简单的对比实验：把两盆同品种的天竺葵花，一盆放在阳光下，一盆放在暗室或者避光的地方，供应等量的水和肥料。不久，不见光的那盆天竺葵花叶子渐渐发白，最后枯萎，而照射阳光的那盆花枝招展，惹人喜爱。这就是因为前者缺乏动力，"工厂"几乎停工，而后者有充足的动力，"工厂"正常生产。

太阳光是一个巨大的能源，当光能落在地球表面的时候，大多变为热能。根据科学家测定，每年大约有 6.5×10^{23} 卡的太阳光能可以达到地球的表面。对"绿色工厂"来说，太阳光就像煤和石油那样，成为"工厂"不可缺少的动力。

绿色植物是怎样吸收光能的呢？主要由叶绿素来吸收太阳的辐射能。落在叶片表面的太阳辐射能并不是全部被叶片吸收，只有 $80\% \sim 85\%$ 被吸收，10% 被反射掉，$5\% \sim 10\%$ 透过叶片而没有被吸收。这跟叶片表面的构造有关系，比如叶片表面蜡质的厚薄，茸毛的多少，内部色素成分和数量的多少，以及叶内含水量的多少，等等，都能影响叶片吸收光能。据统计，陆生植物每年大约贮存 3×10^{17} 大卡的能量，相当于 1.7×10^{12} 千克的碳水化合物。而海洋生物能生产 13×10^{13} 千克的碳水化合物。

这么大的能量，植物是怎样利用的呢？

我们的眼睛能够看见的太阳光，含有红橙黄绿蓝靛紫七色光。不同颜色的光有不同的波长，由红光到紫光，波长逐渐变短。叶绿素吸收光能，并不是七色光全部被吸收，而是有选择地吸收。实验证明，红光和蓝紫光被叶绿素吸收的最多，生产效率最高。

太阳光有直射光，也有散射光。绿色植物不仅要吸收直射光，还要吸收散射光。那些千姿百态的植物叶子，巧妙地向四面八方伸展。你看，那又大又密的树冠，像一把翠绿的巨伞，尽管叶子在枝条上面的排列不同，但是相邻两节的叶子总是不重叠，使同一个枝条上面的叶片不会互相遮盖，形成叶子镶嵌错落的排列方式。

叶子的数量很多，它们的总面积也很大。有人做过统计，一株春小麦叶子的总面积几乎能达到 500 平方厘米，一株甜菜叶子的总面积约有 5 000 平方厘米，一株南瓜叶子的总面积竟有 10 000 平方厘米之多。多数农作物叶子的总面积，都比它占有土地面积大上 20～100 倍。这样多的叶子，就能为绿色植物贮存大量的能量。

太阳光照射到叶片上，只有 1%～3% 的能量直接参加光合作用，有一部分能量转变为热能，于是叶片的温度就会增高，如果不及时"处理"，就会灼伤叶子。实际上，绿叶有调温的能力，通过叶片的蒸腾作用，来降低叶片温度，维持"工厂"的正常生产。

值得注意的是，在一般情况下，"绿色工厂"开工的状况跟太阳在天空的位置大有关系。

在无云的晴天，晨曦微露，"绿色工厂"开工生产。不过，由于晨光熹微，动力不足，"工厂"的效率很低。

当太阳冲出云海，把万道金光洒向大地的时候，"绿色工厂"逐渐活跃起来，"机器"忙碌地运转，产品逐渐增多，叶片里开始积累糖类物质。运输工作也跟着忙起来，把养料分别输送到根、茎、花和果实中去。

上午十点前后，太阳高挂天空，照射到叶片上的光能80%左右被吸收，"工厂"就开足马力，生产效率达到高峰，运输产品的工作忙不过来，叶子就成为"临时仓库"，贮藏大量的养料。

中午，骄阳像火炉似的烤灼大地，"工厂"的效率反而降低，因为叶片里的水分大量地蒸发，导致气孔关闭，根部的水一时又运不上来，产品堆积在"车间"里，运输又来不及，所以"工厂"的生产反而转慢。

午后，太阳辐射的强度逐渐降低，气温也慢慢下降，供应条件得到改善，"临时仓库"的成品通畅无阻地输送出去。另外，这时候太阳斜射，散射到叶片上面的阳光很多，这样"工厂"的生产又恢复正常，生产效率又达到一个高峰。下午四五点钟，生产下降，最后停止。"日出而作，日落而息"，就成为"绿色工厂"的生产规律了。

小麦、水稻、棉花及瓜果、蔬菜等，大多数植物叶片里的"工厂"，都是按这个规律生产的。没有光，它们就没法生长，所以把它们叫做喜光植物；另一类植物，如蕨类、黄杨、玉簪、万年青、酢浆草、云杉等，习惯于阴暗潮湿的环境中生活，它们被叫作耐荫植物。不过，耐荫植物的光合作用效率很低，对人类的价值也不大。这里，我们主要介绍喜光植物的光合作用规律。

神奇的生物催化剂

要使"绿色工厂"正常开工生产，一方面要有源源不断的原料供应，保证充足的动力；另一方面还要保证生产的各个环节正常地运转和协调，才不至于窝工。这个问题不是人所能解决的。原来，绿叶里有一种物质，它们对"绿色工厂"的生产只起催化作用。这就是说，在产品生产出来的前后，这种物质的重量和组成并不发生任何变化，这种物质叫作酶。生物体内的酶被称为生物催化剂。

其实酶并不神秘，它是一种蛋白质，包含在细胞里。据研究，叶

绿体所含的酶种类很多，已知的不下二百种。光合作用本身，至少需要几十种酶参与，如二磷酸核酮糖羧化酶、己糖二磷酸酯酶等。

酶的催化本领大得惊人，它比化工厂里用的催化剂效率高出几十万到几十亿倍。比如：只用一克淀粉酶，就能使两吨淀粉在65℃以下15分钟内完全分解；而用化学上的催化剂，却需要用十几公斤，并且要在100℃以上的高温，经过12小时才能完全分解。

酶有个怪脾气，即只催化符合自己胃口的物质，比如淀粉酶只作用于淀粉，蛋白酶只作用于蛋白质。这就好像一把钥匙开一把锁一样，锁和钥匙得配对，反应才能进行。科学家把酶的这种特性叫作"专一性"。

酶的另一个特性是容易被破坏。如果遇到高温、紫外线或者强酸、强碱等不利的条件，它就会失去催化能力，直接影响"工厂"的生产。酶被破坏了怎么办呢？不用担心，细胞里会及时产生新的酶来进行补充。

"工厂"的效率、产品和年产量

我们办工厂，要讲究生产效率。比如，一个火力发电厂，它的效率高低，就看它烧了多少煤，发了多少电，然后把电能换算成热能再和煤里所含的热能进行比较，从中得到它的效率。

"绿色工厂"的效率，也可以按照上面讲的办法计算。就是测量植物吸收了多少光能，制造了多少养料，然后再把养料中的热能和吸收的光能进行比较，求出它的效率。

不过，测定"绿色工厂"的效率比计算发电厂的效率要复杂得多，因为光能的最小单位是光量子（组成光的基本粒子），要精确计算它可不是一件容易的事，即使高明的"神算手"，也要跌进糊涂缸里。那么，有没有人做过这项计算呢？

1922年，年轻的德国生物化学家瓦布格，雄心勃勃地试图揭开"绿色工厂"的效率之谜。他别出心裁地设计了一套测定仪器，巧妙地把普通的物理实验仪器光量计和气压计联合在一起，并应用到光合作用的研究上来。

他用红光作为光源来测量一种低等植物小球藻的光合作用效率。他从光量计上得到用去的光能，从气压计中读出氧气的含量，第一次测出小球藻每吸收四个光量子，就放出一个氧气分子。根据计算，他得出植物对红光的光合作用效率是 70%，即吸收的光能有 70% 变为化学能。于是，瓦布格热情洋溢地赞美"绿色工厂"，说它是世界上独一无二的效率最高的工厂，是完美无瑕的。瓦布格实验的结论，曾得到科学界的公认，在十多年内居于权威地位。

然而，他的学生——美国生物化学家爱默生却对老师的结论提出了挑战。爱默生怀疑"绿色工厂"没有那么高的效率，认为植物吸收的光能一定有所消耗。于是，他同美国几位化学家细心地验证并重复老师的实验，得出和老师不同的结论：植物吸收八个光量了才能放出一个氧分子，即植物对红光的光合作用效率只有 35%。爱默生认为两者之所以相差一半，是因为瓦布格老师在实验方法上存在问题。

这么一来，师生之间便展开了一场争论。不久，爱默生热情邀请瓦布格老师到美国来共同研究，瓦布格欣然前往。但由于在设计实验的方法上产生分歧，师生没有达成一致的意见，致使这场争论延续十年之久。

直到 1986 年，美国生物化学家本森在加利福尼亚州，利用最先进的技术——电子光量计和气压计，测出了和爱默生相近的数据。本森认为"绿色工厂"的生产程序非常复杂，而且以极快的速度进行着，其间必然有能量的消耗，就像机械运转要克服摩擦力所消耗的能那样。因而，就是对"绿色工厂"最合适的红光，它的生产效率最高也只有 35% 左右。

在自然条件下，"绿色工厂"是利用太阳光生产的。前面讲过，照射到大地上的阳光的可见光部分由七色光组成。叶片对各色光的利用效率是不同的，计算起来理论上的最高利用效率在 11 % 左右。但是，实际利用效率远远不能达到这个数字。这是因为进行光合作用还需要一种原料——二氧化碳，而它在空气中只含 0.03 %，常由于原料不足，"工厂"不能全部开工。此外，还有其他条件，比如：温度不合适的时候，前面讲过的酶就不能以最高的效率催化形成有机物；如果营养条件不良，效率也不能提高。所以，在自然条件下，一般光能利用效率在 1 % ～ 3 % 之间。

"绿色工厂"的生产效率虽然并不高，但是"工厂"的数量很大，所以它每年制造出的产品的花色品种和产量是十分惊人的。

"绿色工厂"的直接产品主要是碳水化合物，此外，还有各种各样的间接产品。比如，"工厂"可以通过一些复杂的工序制成蛋白质、脂肪、核酸和芳香物质等有机物和橡胶等。

据粗略统计，绿叶制造的碳水化合物、蛋白质和植物脂肪的种类是很多的。

碳水化合物在直接产品中占的比例最大，常见的葡萄糖、果糖、蔗糖、麦芽糖、淀粉和纤维素等都属于这一类，它们由碳、氢、氧三种元素组成。"绿色工厂"开工以后，最初制成一种含有三个碳原子的糖，叫作磷酸丙糖。以后，再合成比较复杂的淀粉。

淀粉是一种高分子的碳水化合物，是由许多个葡萄糖分子连接起来组成的。淀粉有个特点，一遇到碘就变成蓝色，所以人们常用碘来检验"绿色工厂"的产品。

蔗糖或者其他糖类产生出来以后，一方面运到植物全身各部分去，供给所有细胞的生产发育需要；另一方面，贮存在块根、块茎和果实中，再转变成淀粉，成为人和动物的主要食物。稻、麦、马铃薯、甘薯、

香蕉、菱角、藕等，里面都含有大量的淀粉。

纤维素也是一种碳水化合物，组成成分和淀粉相似，可是它的结构比淀粉还要复杂，性质也不同于淀粉，遇碘不变蓝色。"绿色工厂"合成的纤维素，主要做为植物细胞壁的建筑材料。人和动物的消化系统不能消化纤维素。但是，含纤维素比较多的蔬菜、水果等食物，可以刺激肠胃的蠕动，促使食物残渣排泄通畅，对健康有好处。纤维素还有各种各样的用途，如作为生产纸、人造丝等的工业原料。

"绿色工厂"不仅能生产脂肪、蛋白质和核酸等物质，还能合成叶绿素、胡萝卜素等色素。

脂肪是由碳、氢两种元素组成的，结构和碳水化合物不同。植物叶片合成脂肪的途径很复杂，并且有许多酶来参加生产，经过植物细胞内部的一系列脱氢、脱水等极其复杂的化学"工序"，最后才能制成各种脂肪。

油料作物像大豆、向日葵、芝麻、花生、油桐、蓖麻等植物的种子里，都含有很丰富的脂肪，可供人类食用和工业上的重要原料。

现在还发现，有的植物可以直接生产石油，这类植物叫作能源植物。

蛋白质也是个大分子的物质，由许多氨基酸组成。它除含有碳、氢以外，还含有氧和氮。氨基酸有一定的排列顺序和空间结构。蛋白质的合成跟核酸有关系。核酸有脱氧核糖核酸和核糖核酸两种。脱氧核糖核酸是遗传的基础物质，核糖核酸是制造蛋白质的模型。氨基酸作为原料可通过模型复制蛋白质。

地球上的绿色植物是一个庞大的有机物"制造厂"，每年都有大宗的产品出"厂"。

那么，这个"工厂"的年产量有多大，怎样计算呢？科学家研究

认为,地球上那么多的绿色植物,不可能计算出准确的产量,只能估计,求出近似值。

太阳光照射到地球上的能量大概是这样的:在大气层以外每年大约有 1.3×10^{24} 卡,落到地球表面每年大约有 6.5×10^{23} 卡,陆地植物每年可以接受 2.5×10^{22} 卡,而海洋植物每年可以接受 9×10^{22} 卡。如果以 2% 的光能利用效率计算,陆地植物的光合作用的年产量大约是 1.7×10^{12} 千克碳水化合物,而海洋植物的年产量大约是 13×10^{13} 千克碳水化合物。

这些数字是怎么得来的呢?原来,每年在大气层以外的 1.3×10^{24} 卡的能量中,比较多的是紫外光,而紫外光的大部分被臭氧层吸收了。每年落到地球表面上的 6.5×10^{23} 卡的能量,如果以每分钟来计算,那么每平方厘米的面积上大约有 0.5 卡的能量。而这里面还包含 60% 的远红外光和红外光,它们是不被绿叶利用的,这样每年只剩下 2.6×10^{23} 卡的能量有可能被利用。其中,每年有 1.8×10^{23} 卡的能量落在海洋上,只有 8×10^{22} 卡的能量落在陆地上。但是,陆地上有一半以上的土地是不能生产或者产量很低的,如高山等地。这样下来,植物利用的光能每年大约只有 0.5×10^{21} 卡,约等于 1.7×10^{12} 千克碳水化合物储藏的热能。

海洋里生长着大量浮游生物,它们中有不少能进行光合作用,利用的太阳光能每年大约有 1.8×10^{21} 卡,约等于 13×10^{13} 千克碳水化合物储藏的热能。

估计海洋里"绿色工厂"的年产量比陆地上的多得多,所以充分地开发和利用海洋资源,是 21 世纪人类的主要任务之一。

2．光合作用的探索轨迹

"问渠那得清如许？为有源头活水来"，关于光合作用的基础知识，都是前人长期在生产斗争和科学实践中总结得来的。先驱者勇于探索的精神、实事求是的态度，以及设计科学试验的思想方法，是值得我们学习的。让我们循着前人探索光合作用的历史脚步，来回顾这个探索的历史过程吧。

揭开序幕

如果把科学家探索"绿色工厂"之谜的曲折历程比做一幕历史的长剧，那么，它的序幕也只是在二百多年前才拉开。

17世纪荷兰的凡·海尔蒙，发现植物主要从水中获得养料。他称量180斤的砂土，放到一只大木盆里，栽上一棵4斤半重的小柳树，每天只给它浇一些雨水。过了五年，柳树长得又高又大。他把柳树拔出来，称了一下树重达516斤，晒干以后的土壤只减少了半两多一点。于是，凡·海尔蒙否定了植物是靠泥土长大的传统说法，他猜想植物是靠"吃水"长大的。但他的认识只限于这一点，还不知道光合作用，更不知道光的性质，以及空气、水和"绿色工厂"的关系。

好空气与坏空气

凡·海尔蒙以后，人们继续探索"绿色工厂"的秘密。

1774年8月1日，英国化学家普利斯特列兴致勃勃地把从朋友家要来的一包黄色的粉末氧化汞，放到一只大玻璃瓶里，再把玻璃瓶倒放在水银槽里，隔绝空气。用凸透镜把太阳光聚集在玻璃瓶上，加热氧化汞。过了一段时间，他惊讶地发现：粉末好像被人吹动似地微微颤动，几分钟以后，出现了小水银珠，氧化汞因受热发生了变化，分解出一种气体来。当时，他认为这是一种新"空气"。

这种气体是什么，它有什么性质呢？

喜欢思考问题的普利斯特列继续实验：他找来一个大约直径 30 厘米，焦距 50 厘米的凸透镜，加热氧化汞，结果气体很快被"赶"出来。他用玻璃瓶收集了一定量的气体以后，用小木柴去点燃，结果看到小木柴烧得更亮了。此后，他又用同样的方法制取了一瓶气体，并把一只小老鼠放进瓶子里，小老鼠欢快地蹦蹦跳跳起来。于是他自己也吸进这种气体，他感到特别的轻松畅快。

普利斯特列再把那只活泼的小老鼠放进木柴燃烧过的瓶子里，盖上盖子，小老鼠就喘不过气来，痛苦地挣扎着。如果在木柴燃烧过的瓶子里，放进去一棵绿色植物，它却长得很茂盛，叶子平展展地伸张开来。这时候，再放进去一只小老鼠，盖上盖子，小老鼠就又欢快地跑来跑去。

普利斯特列喜出望外地把自己的实验写成论文，题目是《各种气体之实验与观察》。他认为燃烧以后瓶中的空气变坏了，所以小老鼠会痛苦地挣扎；放进绿色植物，它又能把坏空气变好，所以小老鼠能安然无恙。

当时，普利斯特列虽然不知道他发现的气体就是氧气，也不知道点燃的木柴把空气变坏及绿色植物使空气变好的原因，但是他的实验给人们以启示：这种气体是能够助燃的，也是动物和人生存所需要的。同时，实验还表明，绿色植物有提供这种气体的能力。

他的功绩是，一方面给拉瓦锡创立的新燃烧理论提供了实验的基础，另一方面为探索"绿色工厂"之谜又打响了不寻常的一炮。

太阳光的魔力

一石激起千层浪。普利斯特列的实验记录发表以后，人们纷纷重复他的实验，但是得到的结果是相互矛盾的。有时候绿色植物把坏空气变好，有时候却把好空气变坏。*1779* 年，荷兰医生英根·浩斯在伦敦近郊租了一所别墅，在三个月的夏天里，他做了五百多次实验。当时，他用一个盛水的大烧杯，把绿叶或者水草浸在水里，水草上面倒扣一个玻璃漏斗，漏斗管上再倒扣一个试管。然后，英根·浩斯把这个大烧杯放到阳光下。不久，在漏斗里就有小气泡上升，等试管里收集了一大半气体以后，他就把点燃的蜡烛放到试管里，顿时看到火焰增亮了。多少次实验都是这样，他认为这种气体就是纯化的气体。如果把这个烧杯放在暗处，就没有气泡产生。他发现了植物只有在阳光下才能把坏空气变好，在黑暗中绿色植物和动物一样，会把好空气变坏。为了进一步证实这一点，英根·浩斯做了大量的观察和实验。他分别选取了各种不同的条件，如房屋的阴面和阳面，高楼或者植物的阴影下，太阳光升到地平线后，夕阳西下或者日落以后，晴天或者阴天，等等，经过反复多次研究，结果都是相同的，这就进一步证实了太阳光参与了绿色植物把坏空气变好的活动。这使人们对光合作用的认识又前进了一步。

英根·浩斯虽然还不知道"绿色工厂"开工的详尽原理，但是他破天荒地发现了太阳光对绿色植物的作用。同时，他明确地指出，只有绿叶和绿枝才能够真正使空气由坏变好。

到此为止，普利斯特列的实验真相大白，空气变好变坏的关键在于绿色植物是否得到太阳光的照射。

打开迷宫的钥匙

英根·浩斯用几百次实验，才证实了太阳光照射在绿色植物上是使坏空气变好的条件。但是，他还不能解释，在封闭的瓶子里老鼠和绿色植物长期共存的原因。

回答这个问题的，是瑞士的牧师谢尼伯。

谢尼伯牧师虽然以传教为职业，但是他对植物学却有广泛的兴趣。他继续重复并研究普利斯特列和英根·浩斯的实验，直到 3 年后的 1782 年，才发现植物在太阳光下既能把坏空气变好，又能使坏空气成为自身的养料。

他用实验证实：绿色植物不能把普通空气变为好空气，因为普通空气中有好空气（氧气），也有坏空气（二氧化碳）；绿色植物只是从空气中吸收"固定空气"（二氧化碳），在阳光的照射下，经过自身的加工制造出好空气来。他把自己的研究成果写成三卷论文。

谢尼伯主要的成就，是解决了二氧化碳和氧气的循环问题。这样，上面提到的封闭瓶中老鼠和绿色植物共存的问题，便得到了解释。老鼠呼吸时放出的二氧化碳被绿色植物吸收，绿色植物放出的氧气又作为老鼠呼吸之用。它们互相依赖，共同生存。

从 18 世纪中叶到 19 世纪初期，先后经历了将近一百年，科学家才找到揭开"绿色工厂"之谜的一串钥匙。普利斯特列证明绿色植物会放出氧气，接着英根·浩斯证明太阳光是绿色植物吸收二氧化碳、放出氧气的必要条件，谢尼伯又证明空气中的二氧化碳是"绿色工厂"的基本原料之一。最后，由瑞士化学家赛逊尔于 1804 年用自己的科学实验，把上述各自独立的研究工作统一起来，归纳成一个公式：

$$固定空气 + 水 \xrightarrow[\text{绿色植物}]{\text{光}} 维持生命的空气 + 植物性营养$$

这个公式用现代化学语言来表示，就是：

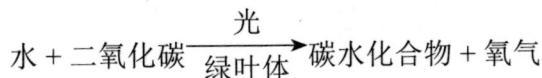

$$水 + 二氧化碳 \xrightarrow[\text{绿叶体}]{\text{光}} 碳水化合物 + 氧气$$

这样，"绿色工厂"的原料、动力和产品三大秘密，终于被英国、法国、瑞士、荷兰四个不同国籍和三种不同职业的人（其中一个牧师、两个医生和几个化学家），通过辛勤劳动而逐渐揭开了。

认识淀粉

"绿色工厂"的产品除了氧气，还有淀粉等碳水化合物。那么淀粉是怎样被认识的？

德国的植物生理学家朱里斯·萨克斯，是第一个认定"绿色工厂"的产品是淀粉的人。

朱里斯·萨克斯是一个酷爱植物的科学家。他对植物的生长和生活习性十分感兴趣。清晨，他给花草浇水的时候，常常对着色彩鲜艳的花团和迎风招展的枝叶沉思：如果植物合成的化合物主要是淀粉，那么淀粉通常是不溶于水和酒精的，但是一遇到碘，就会显出蓝色来。如果植物的"工厂"真的开在叶片内，那么，叶片里总该是有淀粉的啊。

他摘下多种绿色植物的叶片，把它们洗干净以后，放到盛有酒精的烧瓶里，然后加热，使叶肉里的叶绿素溶解在酒精中。这时候，绿叶变成黄白色，再用水冲洗一下，滴上一滴碘酒，果然，叶片显现出蓝色。朱里斯·萨克斯高兴地跳起来，他证实了这家奇妙的"工厂"就开在绿叶里面。

接着，他又选取一盆绿色植物，当天晚上，用不透光的小黑纸片把一片绿叶遮蔽起来。第二天，把花盆放在阳光下照射几小时。然后，把被黑纸片遮蔽的叶片和没被遮蔽的叶片同时摘下来，也用上面讲的方法进行实验。结果，朱里斯·萨克斯发现：在滴上碘酒以后，没有遮光的叶片变成蓝色，而遮光的叶片仍然呈现黄白色。这说明植物要制造淀粉，必须借助太阳光。

166

以前，瑞士牧师谢尼伯在实验中曾经证实，在阳光照射下绿色植物能把坏空气变好，又能使坏空气成为自己生活的养料。那么，这个坏空气和植物制造淀粉的过程有什么联系呢？朱里斯·萨克斯继续思考，并且以实验证明了这个坏空气（二氧化碳）是植物制造淀粉的必需原料。当时的实验设备和实验过程已无法查考。这个实验，我们现在是这样做的：

把两盆绿色植物放在暗处一两天，然后分别把它们放在特制的A、B两个玻璃钟罩内。罩底边是严密封闭的，罩口的软木塞上各插一支弯曲的玻璃管。A罩里放置一小株氢氧化钠溶液，上口的玻璃弯管装进小块的碱石灰（氢氧化钠加氧化钙）；B罩里放一小杯清水，上口的玻璃弯管装些小石块，空气可以自由地流动。然后，把它们移到阳光下照射几小时，再分别摘取叶片，照前面讲的方法进行检验。最后可以看到：A罩里的叶片没有变成蓝色，而B罩里的叶片变成了蓝色。这是由于A罩里有氢氧化钠和碱石灰，都是碱性的，它们吸收了空气中的二氧化碳，使A罩里几乎没有二氧化碳了；而在B罩里的空气中，含有正常含量的二氧化碳。这个实验充分说明：二氧化碳是绿色植物制造淀粉的必需原料。

朱里斯·萨克斯以三个关键性的实验，总结了 19 世纪以前科学家对"绿色工厂"的探索，进一步验证了凡·海尔蒙、英根·浩斯、谢尼伯分别提出关于水、二氧化碳和阳光是"绿色工厂"必需条件的理论的正确。

直到 1896 年，法国科学家贝尔纳斯在前人研究的基础上，给绿色植物这种独特的生理化学过程，命名为"光合作用"。

综观 19 世纪以前科学家探索"绿色工厂"的历史事实告诉我们：一个人在某些方面取得成就，总是离不开前人在这方面打好的基础。

牛顿曾经说过："如果说我比别人看得远些，那是因为我是站在巨人的肩上。"也就是说，科学是有继承性的。了解前人的工作历史，才能懂得现代科学是怎样发展来的。

氧从何处来

唐代大诗人杜甫在《登高》一诗中写道："无边落木萧萧下，不尽长江滚滚来。"科学的发展犹如滚滚长江，后浪推前浪。到了20世纪，科学家就深入"绿色工厂"内部，来窥探它的秘密了。

科学家通过实验已经证明了"绿色工厂"的原料是水和二氧化碳，又知道这两种物质里面都含有氧。那么，绿色植物进行光合作用放出来的氧是来自水呢，还是来自二氧化碳？这是一个十分有趣的问题。这个问题引起了广泛的争论。有人说来自二氧化碳，有人说来自水，众说纷纭，谁都拿不出确凿的证据来。

20世纪30年代开始，科学家对细菌的研究，大大推进了人们对植物光合作用的认识。细菌一般是寄生或腐生的，也就是依赖现成的有机物来生活的。当时发现，有些细菌有颜色，生活中需要光；有些细菌没有颜色，生活中不需要光。那么，这些有颜色、需要光的细菌是怎么生活的呢？它们和植物的生活有什么区别呢？

1930年，美国的凡·尼尔做了一个很重要的实验：他把有颜色的细菌分离纯化，发现紫色和绿色的细菌，完全能在无机培养液中生活，但是需要有三个重要条件，一是光，二是二氧化碳，三是硫化氢。如果没有硫化氢，也可以在亚硫酸钠、硫代硫酸钠等物质中生活。这样看，这些物质中必须含有硫。这就好像植物进行光合作用必须要有水一样。最后，凡·尼尔弄清楚了这些绿色和绿色的细菌在生活中，用二氧化碳和硫化氢作原料，在光的照射下，制成碳水化合物，并产生硫。它们同样是利用光能形成碳水化合物的。凡·尼尔指出，光合

作用不是植物所特有的，有些细菌也利用色素来吸收光能，自己制造养料，这种细菌就叫做光合细菌。

凡·尼尔的发现，对进一步研究植物光合作用产物中的氧是来自哪里，提供了一个十分重要的研究方法，就是用不同生物的比较研究方法，进一步研究。

最后科学家推论出：在紫、绿色细菌的生活中，它们用二氧化碳和硫化氢作原料，产生碳水化合物和硫，这个硫必定来自硫化氢；植物在生活中，用二氧化碳和水作原料，产生碳水化合物和氧，这个氧一定来自水，而不是来自二氧化碳。

20 世纪 40 年代，美国科学家鲁宾和卡门又通过实验得到了可靠的证据。

鲁宾和卡门用示踪物质来探查绿叶里的化学变化过程。他们用的示踪物质是氧和碳的同位素。同位素就是指同属一种元素，但是质量不同的原子，它们的化学性质几乎相同，在元素周期表中占同一位置。比如：氧的同位素有 ^{16} 氧、^{18} 氧；碳的同位素有 ^{11} 碳、^{12} 碳、^{13} 碳、^{14} 碳；等等。有些同位素还有特殊的放射射线的本领，如 ^{11} 碳、^{14} 碳等。

他们制作许多含有 ^{18} 氧的水，每天用这种水浇植物，结果植物在光合作用中放出的氧里面就带有 ^{18} 氧这种同位素。他们又用含有 ^{18} 氧的二氧化碳供给植物进行光合作用，所放出来的氧和普通的氧一样，几乎没有 ^{18} 氧这种同位素。所以，他们的实验表明，只有水在光合作用中才会分解。换句话说，植物光合作用放出的氧是来自水，而不是来自二氧化碳。

卡尔文的贡献

在光合作用中，水被分解成氢和氧。放出来的氧，提供生物呼吸之用。那么氢又是怎样和二氧化碳结合，形成碳水化合物的呢？

解决这个问题，也是通过放射性同位素的实验来完成的。

在早期的实验中，使用 ^{11} 碳，它虽然有放射性，但是寿命很短，很不稳定，几乎在半小时左右就消失了，很难用它来进行研究。

1945 年，在原子反应堆里出现了同位素 ^{14} 碳。它的寿命比较长，而且很稳定，适合用来实验。

第二次世界大战以后，美国生物化学家卡尔文和本森领导的一个实验小组，把一种单细胞的绿藻放在含有 ^{14} 碳的二氧化碳里，经过短暂的暴露，目的是让绿藻进行最早阶段的光合作用。然后把细胞放在热酒精中杀死，再磨碎，涂抹在色谱纸上面进行分离，随即出现放射显影图，最后在纸上找出哪些点是放射性的，进一步研究这些物质的化学性质。

仅仅一分半钟，他们就在纸上就找出了十五种不同的放射性物质。种类太多了，不好研究，他们只好缩短暴露时间。后来只暴露 5 秒钟，结果他们在纸上找出五种放射性物质，其中有两种放射性很强。经过深入的研究，这两种物质都属于含有三个碳原子的物质，叫做磷酸甘油酸。

磷酸甘油酸的形成过程是比较复杂的。它经过一系列的生物化学变化和许多的步骤，最后才形成了淀粉。

通过卡尔文的这个重要发现，人们才明白绿色植物在进行光合作用的时候，水里的氢和二氧化碳是怎样进行活动，最后形成碳水化合物的。

为了表彰卡尔文和他的同伴们十年的努力探索，瑞典科学院于 1961 年授予卡尔文诺贝尔奖金。

3．叶绿素的秘密

叶绿体

叶绿体好比工厂的车间。光合作用是在叶绿体上面进行的。

在电子显微镜下，可以看到叶绿体是椭球形的，周围有两层半透性的薄膜，它好像是"车间"的围墙。

叶绿体的面积大小不一，一般直径是 5 微米～10 微米。叶绿体的外形和个体大小虽然千差万别，但是，"车间"内部的布置却有共同的特点，都像一层层重叠的云片，生物学家把它叫做叶绿体的片层结构，也叫层膜。片层里排列着叶绿素，就像澡堂里铺得整整齐齐的瓷砖那样。

用电子显微镜进行观察，结果说明叶绿素不是均匀地分布在叶绿体里面的，而是集中在片层的光合膜上面。叶绿素在基粒上面有一定的排列顺序，才形成了片层结构。在片层结构上还有其他色素和蛋白质、脂肪等。

叶绿体细胞里的色素很多，其中主要是绿色的叶绿素和橙黄色的类胡萝卜素，另外还有花青素，等等。有时候，花青素的量会很多，甚至叶片的绿色都会被它所遮盖。比如，秋天枫树的红叶和红苋菜的叶子都是红色的。

原来，红苋菜的绿色是隐藏在红色之中的。那红色是叶片所含花青素显示的颜色。花青素能溶解在水中，水温越高，它溶解得越快。而叶绿素却不溶于热水。因而，在沸水中，红苋菜就脱去红色的"外套"，露出绿"衬衣"——叶绿素来了。每年秋天枫树的红叶，那是因

为气温下降，树叶里的叶绿素被破坏，花青素就显出了美丽的红色。

别看花青素把红苋菜打扮得这么鲜红妖艳，虽然它也吸收阳光，却不能进行光合作用；而默默无闻地制造养料的，却是隐居在花青素背后的叶绿素。只是由于花青素浓妆艳抹，色彩太鲜艳了，才把生产的"主人"——叶绿素遮盖住了。秋海棠、枫树等植物，它们的叶子是红褐色或紫红色的，原因也是这样。

当然，也有例外的。比如，深海里的藻类植物红藻，它生活在海底，不能直接吸收太阳的红光和蓝紫光，因为它们被海水吸收了。尽管红藻里含有叶绿素，可是"绿色工厂"还是不能开工生产。它被迫改装了生产"机器"，利用它身体里边的藻红蛋白和藻蓝蛋白，来帮助吸收透射力很强的蓝紫光，然后把能量传递给叶绿素来进行光合作用。这种只帮助叶绿素吸收光能的色素，叫做辅助色素。这种辅助色素在普通绿色植物中也是存在的。叶绿素分为叶绿素 a 和叶绿素 b。叶绿素 b 不能进行光合作用，但它能吸收光能，然后把光能全部传给叶绿素 a。高等植物"绿色工厂"中的辅助色素是叶绿素 b，它是黄绿色的，所以叶片外表是绿的。红藻和褐藻（如海带）的辅助色素是红色的和褐色的，但进行光合作用的也是叶绿素 a，尽管外表可以有各种颜色。

叶绿体是怎么样通过叶绿素吸收太阳光能的？对太阳光里的七色光吸收的情况又是什么样的？俄国著名的生物学家季米里亚捷夫用了 30 多年的时间,研究探索植物在光合作用中绿叶是怎样摄取太阳光的。当时，他的实验是这样做的：

拿来几只试管，每一只试管中各放一片大小相同的绿叶，并且封入一定量的二氧化碳。然后，把试管分别插到试管架上，试管之间用黑纸隔开，避免它们之间相互干扰。再取一枚三棱镜，把射进来的太阳光分散成红橙黄绿蓝靛紫七种颜色，让七色光分别照射到试管上面。经过三小时以后,测定试管中消耗二氧化碳的量和绿叶内含的淀粉量。

结果发现：照射红光的试管里二氧化碳减少得最多，叶片制造的淀粉也最多，照橙光的次之，照蓝光的第三；而照射绿光的试管，里面的二氧化碳几乎没有减少，叶片里也找不到淀粉。这个实验告诉人们：绿叶有很强的吸收红光的能力，红光照射下的光合作用效率最高。

提取叶绿素

叶绿素吸收了光能以后，叶绿体才能进行光合作用。那么叶绿素是个什么样的物质，它有哪些物理和化学性质？只有把叶绿素提取出来才能进一步地研究它。

许多科学家进行了大量的研究工作，首先搞清楚几种叶绿素化学成分的人是威尔斯塔特。

威尔斯塔特是德国人，出生在卡尔斯鲁厄城一个犹太小商人家庭中。他从小就喜欢花草树木，和"绿色工厂"结下不解之缘。中学时代，他学习成绩出众，聪明过人，不足之处是十分自负。他的老师贝耶，为了帮助他改正缺点，经常在课堂上提些问题让他思考。威尔斯塔特常常支支吾吾答不上来，贝耶老师当众批评他，指出骄傲是成材的拦路虎，勉励他养成虚心好学的品德。老师的教导，威尔斯塔特一直铭记在心，直到他成为举世闻名的大科学家时，还常常以此来告诫自己的学生和子女。

1905年，当许多科学家因为提取叶绿素失败而偃旗息鼓的时候，威尔斯塔特却鸣锣开道，居然选定当时世界公认的大难题，并且以必胜的信心和百倍的勇气，向科学的尖端攀登。

他认真地总结前人失败的经验教训，认为前人的失败在于分离方法上的错误。他开始用茨维特发现的色层分析法来提取叶绿素。

他割下自己住宅周围的青草，把它放到几个大瓶子里，并且倒上酒精，让叶绿素和其他的有机物都溶解在酒精里。等叶绿素全部溶解以后，再让溶液通过装有各种吸附剂的吸附柱，利用吸附柱对各种物

质不同的吸附力，把其中杂质一一吸附干净，剩下的经过反复结晶，就得到叶绿素的纯品了。

威尔斯塔特在提取叶绿素以后，又继续做实验，分析它的成分。经过反复化验，才弄清楚叶绿素是由四种非金属元素碳、氢、氧、氮和一种金属元素镁五种元素组成的物质。接着，他对每种元素的含量一一进行了测定。

威尔斯塔特在提取叶绿素的同时，还发现高等植物的叶绿体中含有两种叶绿素：一种是蓝绿色的，叫做叶绿素 a；另一种是黄绿色的，叫做叶绿素 b。叶绿素 a 和叶绿素 b 犹如兄弟俩，它们的成分相差无几，而且都有吸收太阳光的本领。只在内部结构上和吸收不同波长的光线方面，有一点点差别。不过，正如前面所说，叶绿素 b 是辅助色素，只有叶绿素 a 才能进行光合作用。

威尔斯塔特以惊人的毅力，顽强地苦战了十个年头，才完成这项课题。他在总结成功的经验时说："研究科学最大的目的，是促进人类社会的发展……研究学问应从最难的地方人手，因为在深究难题的过程中，许多枝枝节节的小问题都会迎刃而解。"这真是字字珠玑，道出了治学的真谛。

瑞典科学院为表彰威尔斯塔特取得划时代的功绩，于 1915 年授予他诺贝尔化学奖。

威尔斯塔特在取得重大成就的基础上，继续前进，后来和另一位科学家费雪共同合作，进一步探索了叶绿素的内部结构，又为科学事业做出了贡献。

勤奋的费雪

从威尔斯塔特成功地提取叶绿素以后，科学家的注意力都集中在叶绿素的内部构造上。因为只有掌握了它的具体结构，才能进一步进行人工合成叶绿素的研究。虽然威尔斯塔特提纯并且测定了叶绿素的

组成成分，但是没有弄清楚这些成分的排列方式。这就好像人们只知道装配机器的部件，却不了解整部机器的构造而还是制造不出整部机器来一样。

费雪继威尔斯塔特之后，进一步探索叶绿素内部的秘密。他用了二三十年的时间，终于揭开了叶绿素内部化学结构的秘密。

费雪是怎么样一个人呢？

1881 年，小费雪出生在碧波荡漾、风景如画的德国美茵河畔。23 岁那年，费雪大学毕业以后，就来到诺贝尔奖金获得者老费雪的实验室工作。

当时，老费雪正在研究糖类化合物，意外地发现一种叫做肼〔Jīng〕的化合物。肼是有毒的物质，在实验中老费雪曾多次中毒晕倒在实验室里。这种为科学献身的精神，深深地激励了年轻的费雪，使他懂得只有不畏艰险、孜孜不倦的人，才能攀登科学的高峰。

于是，年轻的费雪就带领一个实验小组，对叶绿素分子的结构进行测定。由于这项工作十分复杂，要一点一点地分离，一次一次地测量，来不得半点浮躁和粗心，因而有些成员沉不住气了，就半途而废，先后退出了实验小组。然而，费雪并不气馁，他几十年如一日，孜孜不倦地坚持实验。他像工人拆卸机器零件那样，把叶绿素一部分一部分提取出来分析、研究，终于发现叶绿素是由四个叫吡咯的小环组成的一个叫卟啉的大环〔吡咯 bǐ luò、卟啉 bǔ lín〕，大环的中央有一个镁原子。这就好像机器的四个零件组成一个总部件，零件之间用镁做"桥梁"彼此连接起来。正是因为有了它，才使"工厂"的动力太阳光能像运输卡车那样一辆辆地通过镁"桥"，送往"车间"，把"机器"发动起来，进行生产。

费雪还发现，植物叶绿素的结构和动物血液中的血红素结构几乎一模一样，只是叶绿素的中心是镁原子，而血红素的中心是铁原子。

这个有趣的现象告诉我们：动物和植物有共同的祖先。后来，由于环境和生活方式的改变，促进了生物的进化，才使动植物分家。在这两种重要的色素结构中，只是换上各自需要的不同"桥梁"，履行不同的功能罢了。

费雪在测定叶绿素结构的过程中，光是实验的原料就用了几十吨；每一个实验成果的取得都要通过几百个化学反应，经过几千道关口。他力求采用当时最先进的方法进行实验。有时候，他为了测定一个反应数据，竟要用上几个月的时间。就这样，费雪勤勤恳恳，不知疲倦地奋斗了30年，才把这个号称"头等化学难题"——叶绿素的结构攻下来了。这中间凝结了科学家的多少心血啊！难怪他在1930年接受诺贝尔奖金的时候，激动地掉下了晶莹的泪珠。

化学合成大师

叶绿素的内部结构研究清楚以后，科学家又集中攻破了关于人工合成叶绿素的新课题。美国化学家伍德沃德经过几年的苦心钻研，破天荒地合成了叶绿素。

伍德沃德继续费雪的实验，运用现代先进的科学技术，先后合成了四个吡咯小环，然后，像高级焊接师那样，小心翼翼地把四个吡咯环"焊接"在"镁桥"上。这部奇妙的"机器"十分娇嫩，连接每个"零件"和"部件"都必须十分小心，有条不紊，一丝一毫也不能有差错，否则就得全盘返工。伍德沃德在合成叶绿素的过程中，还发明了许多试剂来保护和检查每一道工序。经过四年的奋战，他终于在1960年人工合成了叶绿素。人工合成的叶绿素和从绿叶中提炼出来的叶绿素不但物理、化学性质相同，而且还有同样的生物和光合作用的活性。

伍德沃德被人们称颂为"化学合成大师"。叶绿素的合成和胰岛素、核酸的合成一样，是近代有机物合成的三大成就。

伍德沃德之所以能取得辉煌的成就，是和他从小立志做个化学家分不开的。

伍德沃德出生在美国波士顿一个职员的家里。他从小就立志向富兰克林、爱迪生等前辈科学家学习。小学时期，他就酷爱化学，常把零用钱节省下来，购买化学药品和简陋的仪器，在家里的地下室，办起一个小小的"实验室"。假日，他就一头钻进实验室，和试管、烧瓶、药品打交道，沉醉在这个有无穷乐趣的小天地里，甚至往往忘了吃饭。进中学，他就赢得了"小化学家"的诨名。大学一年级时，他在化学方面显示了独特的才能，被当时麻省理工学院的教授称为出类拔萃的化学天才。

20世纪40年代，他最先合成了治疗疟疾的特效药奎宁，后来又合成了番木鳖碱，从而崭露头角。20世纪50年代，又合成了胆固醇。到了20世纪60年代，他成功地人工合成了叶绿素。1965年他荣获了诺贝尔化学奖金。

当时，有人问他成功的秘诀，他郑重地说："缜密规划，力促其成。"也就是说，在进行研究之前，要认真总结前人的经验，周密部署，订出规划，并且利用一切先进的工具、仪器、方法，等等。这句话应该成为科学工作者的座右铭。

从威尔斯塔特提取叶绿素、费雪测定叶绿素结构到伍德沃德巧夺天工地合成叶绿素，经历了半个多世纪，科学家呕心沥血，艰苦奋斗，才逐步揭开"绿色工厂"的秘密，特别是叶绿素的合成，为人工模拟绿色植物的光合作用开辟了光辉的前景。

在植物体里，由叶绿体合成叶绿素。合成的步骤和动物血液中的血红素合成很相似。只不过合成叶绿素需要加入一个镁原子。可是，叶绿素的生物合成跟铁也有关系，当培养植物的土壤中缺乏铁的时候，叶绿素就不能合成，叶片上就会出现"缺铁现象"。如果往叶片发黄的盆花里加入一些硫酸亚铁，叶片就慢慢地恢复绿色了。至于铁是在

什么步骤以什么形式参与叶绿素合成的，目前还不清楚。

希尔试验

叶绿体在叶片细胞中，只要有太阳光，它就能正常生产。能不能把它从绿叶中搬出来生产呢？

19世纪中期，有许多科学家力图把叶绿体从活细胞中分离出来，看看它能不能继续生产。可是，实验接二连三地失败了。他们发现叶绿体一旦离开活细胞，就不能吸收二氧化碳，也不能放出氧气，光合作用立即停止。于是，有人振振有词地说："叶绿体只有在上帝创造的生命体内，才能赐给众生食物。"

年轻的英国科学家希尔，不相信这种说法。但是，叶绿体从细胞中分离出来以后，到底还能不能继续进行光合作用呢？他决心进一步研究这个问题。

1939年秋天，希尔采集了几十片野芝麻的绿叶，细心地撕去叶脉，把叶子切成碎片，放进研钵中，加上30毫升食盐磷酸盐溶液和少量的石英砂，用力研磨后，用两层纱布滤去残渣。把滤过液装进试管，在小离心机上旋转半分钟，然后除去砂粒和碎叶片。再把剩下的滤过液离心旋转以后，在试管下部沉淀下来的就是叶绿体了。最后，再取5毫升的食盐磷酸盐溶液，把叶绿体倒进去，叶绿体就悬浮在盐溶液中，从而做成了叶绿体悬浮液。

接着，希尔用两只试管，各装进2毫升叶绿体悬浮液，再分别加进去1毫升黄色的草酸铁溶液。然后，把一只试管放在阳光下照射，另一只放在暗箱里。3分钟以后分别取出，放在沸水中加热2分钟，再放进离心机里旋转，使叶绿体沉淀。

取出试管以后，看到照光的溶液变成了桔红色，而暗箱里的那只试管颜色没变。桔红色的溶液是什么呢？原来，阳光照射叶绿体以后，经光合作用放出的氧和草酸铁进行了化学变化，使得黄色的草酸铁变

成了桔红色的草酸亚铁；在暗箱里的叶绿体没有进行光合作用，所以试管里的颜色没改变。同时，希尔还测到了在阳光下的那只试管里放出了氧气，不过数量很少。这个轰动世界的"希尔实验"证明："车间"搬出来以后照常可以生产。

不过，美中不足的是，希尔在提取叶绿体的时候，把叶绿体的外被膜也就是"车间"的"围墙"给破坏了，进行卡尔文循环的酶流了出来，这样就不能和二氧化碳结合了。以后，科学家细心地用种种方法保护了叶绿体，在试验过程中不使"围墙"破坏。这样搬出来的"车间"，还是能够和二氧化碳进行化学变化的。

希尔把叶绿体从细胞里搬了出来，这在光合作用的研究中起到了突破作用。首先是他把细胞给打开了，这对于后来深入地研究光合作用内部反应的各个环节，都起到了开路先锋的作用。

4．一项重大的研究课题

二百多年来，世界上许多科学家为了揭开光合作用的奥秘贡献了毕生的精力。不过，人们对于绿叶的光合作用，现在也只是知道一个粗略的轮廓，许多细节还不很了解。要想更深入地探求光合作用这样一个重要的自然现象的全部奥秘，还需要几代人长期不懈的努力。

光合作用是在一个很精致、很复杂的"工厂"中进行的。各种植物的"绿色工厂"的设备和装置也不完全一样，科学家正在探索不同植物的"工厂"特点，分析"工厂"中的各种设备，力图抓住其中的关键环节，用遗传学知识提高现有农作物等的光合作用效率，并通过对"绿色工厂"设备的详细解剖和分析，在掌握它的生产原理以后，用现代化学、物理和工程学的知识来仿效它，以便高效率地生产品质最优良的产品。

那么，当前科学家对于光合作用的研究，正在开展哪些重大的研究课题呢？

变三碳植物为四碳植物

20世纪60年代，美国科学家发现植物可分为三碳植物和四碳植物两类。所谓三碳植物，是指二氧化碳进入绿叶以后，先形成一个含有三个碳原子的化合物，如水稻、小麦、大豆、天竺葵等。四碳植物，是指二氧化碳进入绿叶以后，先形成一个含有四个碳原子的化合物，比如甘蔗、玉米、高粱等。

科学家是怎样发现三碳植物和四碳植物的呢？

20世纪60年代初期，美国科学家用天竺葵做实验，发现在光照下，叶片吸进的氧气很多，放出来的二氧化碳也很多，科学家把这种现象叫做光呼吸。天竺葵的光呼吸是比较高的，但是光合作用的效率却很低。

到了20世纪60年代中期，他们又发现另一种植物甘蔗的光呼吸很低，甚至几乎没有光呼吸，可是它的光合作用效率却很高。这是怎么回事呢？

经过科学家的进一步研究，发现甘蔗叶片内的维管束部分有皇冠状的细胞组织，这种独特的结构和二氧化碳的结合能力比较强。比如，中午阳光比较强的时候，气孔开得很小、尽管吸进来的二氧化碳含量减少，但是光合作用能够照常进行。而天竺葵、小麦等就不是这样，平时，它们的气孔开得很大，这样就不能适应强光的照射，体内的水分都被蒸发到周围环境中去了，所以一到中午，气孔就关闭，叫做小麦"午睡"，需要等到太阳斜射的时候，叶片再恢复光合作用。

科学家还发现，四碳植物甘蔗进行光合作用的时候，还有一套比

较复杂的酶系统和二氧化碳结合。具体讲，有两种酶和二氧化碳结合得很紧密：一种是二磷酸核酮糖羧化酶，另一种是磷酸烯醇丙酮酸羧化酶。这两种酶都能把二氧化碳尽快地送进"车间"。所以，在同样的条件下，甘蔗光合作用的效率比小麦高。

更有趣的是，那些长期生活在沙漠里的仙人掌，可称为景天科植物中的佼佼者了。白天，沙漠奇热，它惜水如金，紧闭气孔；一到晚上，气孔敞开，由一种酶把二氧化碳先运到细胞的液泡中，暂时贮存起来。等到白天，在强烈的阳光下再"闭门生产"。这时候，二氧化碳再源源不断地从液泡运到"车间"。科学家发现仙人掌负责和二氧化碳结合的酶，同四碳植物的酶一样，都是结合能力很强的酶。二氧化碳进入仙人掌的绿茎以后，也是先形成一个含有四个碳原子的化合物，但是又和甘蔗、玉米等四碳植物不同。甘蔗是在白天进行光合作用，直接利用二氧化碳作原料，不需要在液泡里暂时贮存。

从以上和二氧化碳产生不同变化的植物类型来看，四碳植物的光合作用效率比三碳植物高，所以世界上许多农业专家、生物学家都力图把三碳植物变成四碳植物。从不同植物具有不同的光呼吸来看，科学家想办法降低光呼吸作用来提高光合作用效率。但是，做了许多实验都没有成功。经过研究，现在自然界中的四碳植物，大约有一百多种，大多都是起源于热带的植物，其余基本上是三碳植物。科学家正继续探索三碳植物变成四碳植物的途径。

大约到20世纪70年代初期，美国科学家又发现在滨藜科的植物中，既有三碳植物，又有四碳植物。他们用这两种植物进行杂交实验，也就是让三碳植物和四碳植物进行异花传粉。结果，在后代植株上面，表面看起来像四碳植物，实际上，四碳植物的优点却没有了，这主要是由于三碳植物和四碳植物的内部结构和功能不同。这个实验说明用杂交的办法在目前是行不通的。

科学家认为，解决这个问题最有希望的办法是基因移植，也叫作遗传工程，这样才有可能提高低光呼吸植物的光合作用效率。

什么是基因呢？平时，你所看到的植物各种各样，有的高，有的茎细，有的花小，有的果大，等等，这些叫作不同的性状，而且这些性状可以遗传下去。是谁控制着生物体中多种多样的性状呢？原来，在细胞核里有许多棒状的染色体，在染色体上面就排列着许许多多基因，一个基因控制着一个性状。因为基因可以一代一代地遗传下去，所以生物的性状也就跟着遗传了。

随着现代生物学的发展，科学家能够运用一种专门的技术给生物细胞做"手术"，把基因从一个生物体的细胞里移植到另一个生物体的细胞里去。这个专门技术叫做遗传工程。把四碳植物的遗传基因移植到三碳植物里面，这样，三碳植物也就像四碳植物那样长出先进的"生产设备"，从而大大提高生产效率。如果能做到这一点，"绿色工厂"合成的产品，就可以翻几番，地球上就可以增加多少亿吨的粮食。

开发能源的新途径

目前，全世界每年大约耗费煤炭等能源物资几十亿吨。1979年，美国单石油一项就消耗九亿两千四百万吨之多。如果按这个速度耗费，要不了二百年，地下贮藏的石油、煤等能源就要消耗殆尽。所以，科学家正在千方百计地寻找新能源。

探索光合作用的秘密，是开发能源的理想办法之一。

大家知道，太阳光是用之不尽、取之不竭的能源，水也是最丰富的资源。如果能像"绿色工厂"那样，吸收太阳光来分解水，把水变成氢气和氧气，那该是多么理想的办法。氢气是不污染空气的良好能源，现在一般用电分解水得到它，还要消耗大量的电源。所以，模拟光合作用用光来分解水是重要的方向。

人类有没有办法实现这个理想呢？

这，乍看起来似乎十分困难。因为通常绿色植物利用太阳光分解水总是放出氧气和生成还原态氢，再用还原态氢去还原二氧化碳，生成碳水化合物，而不会放出氢气来。

然而，人们通过长期的观察和研究，也找到一些植物用光分解水以后是能放出氢气的。比如，有一些藻类——绿藻、红藻和蓝绿藻等，它们身上就有一种特殊的放氢酶。人们把它们放在无氧条件下培养一个时期以后，在光照下就可以产生氢气。虽然这些植物产生氢气的量很少，而且放氢的速度也慢，但它毕竟给人类仿照植物的光合作用来分解水带来了启示。

1973年，美国科学基金会特别拨出一笔经费，成立专门研究小组，研究如何仿照"绿色工厂"分解水制取氢气和氧气的办法。经过努力，果然有所突破。研究小组提出用叶绿体和放氢酶联合作战的方案来光解水。他们从菠菜叶子中提取叶绿体，从梭菌体内提取放氢酶，把它们混在一块，再加进一个能传递电子的化合物——甲基紫精。然后，把它们安置在无氧的环境中，经过太阳光的照射，结果，很快地放出了氢气。

1977年，这项研究又取得了进展。他们的光解装置效率是每毫克叶绿素每小时可产生125微克的氢气，而且这个光解装置可以连续工作六个半小时。虽然得到的氢气量还是比较少，但它说明人类用植物光解水取得能源是完全可能的。

但是，光合作用分解水是一个非常复杂的问题，目前还只是停留在实验室里进行。要大规模生产还有许多问题有待解决，如叶绿体品种的选择、放氢酶的稳定性等。不过，用光分解水的办法解决能源的课题，已得到世界各国的重视。美国、澳大利亚、日本、英国等都相继成立专门的组织和联合会，致力研究。相信在不久的将来，人类一定能实现以光解水取得能源的宏伟目标。

绿色"发电厂"

植物利用太阳光分解水获得氢气和氧气，只是一个间接解决人类对能源需求的办法。能不能把太阳光直接转变成电能呢？用半导体材料制作的光电池，就是这样一种装置。不过现在人们还正求助于"绿色工厂"建立绿色"发电厂"，从另一个途径实现这个宏伟目标。

前面讲过，绿色植物的光合作用是在叶绿体中进行的。叶绿体里面有专门捕捉阳光的光合膜，它是由叶绿素分子、磷脂及蛋白质组成并有严密结构的膜。光合膜体积很小，只有几个微米，但能力大得惊人，具有捕捉阳光、传递电子和能量转换等功能。它在光合作用中起主力作用。依靠它，通过一系列电子传递来实现光合作用。

于是，人们设想以叶绿素为主体制造一个人工光合膜，然后把光能激发，形成电流。如果形成的电流强大，那就成为一个绿色"发电厂"了。

这个宏伟的设想能不能成为现实呢？

能。美国科学家经过十年的努力，用这种模拟光合作用的光化学反应产生电流，已经获得成功，并且应用在"阿波罗三号"人造卫星上面。只是价格昂贵，需要进一步改进。

后来，日本著名科学家落合教授也用实验作出肯定的回答。

落合教授从小就对"绿色工厂"很感兴趣，立志要揭开它的奥秘。他大学毕业以后，从事光合作用的研究，取得了成绩。1979年，他为建立绿色"发电厂"迈出了可喜的第一步。

落合教授详细分析了光合膜的结构和功能，发现分离出来的叶绿素，在阳光照射下，可以进行两个化学反应。如果把这两个反应放在一起，就有电子转移。于是，他就模拟光合膜结构，以叶绿素为主体，制作了一个人工光合膜，铺在水面上形成单分子层，在太阳光照射下，膜的上下两面果然产生了电位差。

近来，落合教授又进一步改造人工光合膜的性能，添加了一些过渡元素化合物作催化剂，提高了膜电子传递的能力。据报道，利用中午的阳光照射，从人工光合膜上，可以获得12微安培的电流。这说明，利用"绿色工厂"的原理是可以发电的。

落合教授试验初步取得成功，人们设想：有朝一日，能造出一个巨大的人工光合膜，把它覆盖在厂房和住房的房顶上，一年四季都可以利用太阳能来发电，源源不断地为工厂和家庭供应电能。

光合固氮

把空气里的氮变成含氮化合物的过程，叫做固氮。化学上固氮的办法比较复杂，需要在高温、高压和高活性催化剂的帮助下，才能做到。但是，生物固氮就简单得多了。比如，有一种叫根瘤菌的微生物，它和豆科植物共生，在常温常压下，就能不断地制造氮的化合物。

那么光合作用能固氮吗？

回答这个问题得从光合细菌说起。

前面讲过，科学家发现紫色和绿色的细菌也像绿色植物那样有光合作用的本领，它们也能把光能转变为化学能。

不过，真正揭开光合细菌之谜的，那还是近年的事。据美国科学家卡白昂许的研究，光合细菌身上有一种独特的光合器，里面有类似叶绿素那样的物质，能捕捉光能，传递电子，合成许多营养物质。有一种叫红色无硫细菌，它的光合器中就有一系列类似橙红色胡萝卜素的化合物。卡白昂许等人研究表明：光合细菌不仅能固定空气中的二氧化碳，还能进一步利用太阳光固氮。因此，光合细菌已作为生物氮肥施加在农田上，达到了增产的目的。据报道，光合细菌分别施加到水稻、茄子、辣椒等农作物上，可以分别增产46%、35%和54%。日本科学家小林达治把光合细菌喷洒到柿树和温州蜜桔上，不仅可以使果品鲜美，产量增加，而且能提高果品的糖分、维生素B、维生素

C 等含量。

科学家在研究光合细菌固氮的同时，也发现有些绿色植物有光合固氮的能力，特别是有些热带植物和某些藻类植物，光合固氮的能力更为显著。

光合细菌和某些植物为什么能光合固氮呢？

这正是科学家研究的重大课题。他们初步认为，光合固氮是在光合膜上进行反应的。在光合膜接受光能以后，发生了一系列的电子传递，当"绿色工厂"里的一些高能物质把电子递交给氮的时候，氮就被还原成为氮的化合物了。

光合固氮的秘密揭开以后，人们就可以进一步地模拟它，把光合固氮推广到一般植物体上面，那样，我们就可以不给或少给庄稼施肥，同样获得丰收。

富有魅力的目标吸引了许多科学家。我们相信，再经过几代人的努力，这些光辉的理想，一定会变为灿烂的现实。

5. 微生物的发现

在我们的地球上，生活着各种各样的生物，除了我们看得见的动物、植物以外，还有一个肉眼看不见的生命世界，生活在这个生命王国中的居民，数量比动植物要多得多，这就是微生物世界。

微生物的存在比人类早得多，化石记录表明，早在 32 亿年前，地球上就有微生物了。

人类虽然用肉眼看不见这些小生命，但它们却始终伴随着人类，对人类的生活和生产产生着巨大的影响。

微生物可以使人们患可怕的疾病，历史上由于瘟疫，曾使整个村镇变为无人之地；微生物也不是全都对人类有害，在人体中就驻扎了许多微生物，没有它们人会患病甚至有生命危险；微生物还是人类工农业生产的帮手，从古老的酿酒制酱到现代制药、找矿、冶金、清除污染，处处都用得着它们。

可是，在很长一段时间里，在人们对数学、物理、化学、天文学已经有了相当了解的时候，对微生物却一无所知。一直到了 17 世纪中叶，发明了显微镜之后，借助于人类的新"眼睛"，人们才发现了这个肉眼看不见的神秘世界。

列文虎克的发现

300 多年以前，在荷兰的德尔夫特市有一个开布店的小商人，他还兼任着市政厅的看门人。邻居们发现，这个看门人好像着了魔，每天不是不停地磨透镜，就是一动不动地用他自制的显微镜在观察什么，这个看门人就是列文虎克。

列文虎克从小就失去了父亲，16 岁时，为了维持生活，他不得不到一家布店当学徒。列文虎克没有受过正规教育，社会就是他的大学。他从眼镜工匠那里学会了磨制透镜的手艺，还从炼金术士那里学习了金银匠手艺。

早在古希腊、古罗马时代，人们就发现，做成某种形状的玻璃不仅能把光聚成一个点，还可以把物体放大。1590 年左右，荷兰的詹森兄弟发明了显微镜，它是由一组透镜做成的。早期的显微镜做得很粗糙，并且不能消除像差，如果想进一步放大，被放大的物体就会变得模模糊糊看不清。

列文虎克仔细研磨那些一点气泡也不含的玻璃，直到它们的表面变得非常光滑均匀为止。他还给他的宝贝透镜镶上铜的甚至金银的框。尽管列文虎克的透镜很小，最小的直径才有 3 毫米，却可以毫不变形地把物体放大 200 倍。

这个看门人像个小孩子一样好奇，他不加选择地把凡是他想到的东西拿到显微镜底下来观察，牛眼睛、羊毛、海狸毛、苍蝇头、蜜蜂刺、虱子腿、自己的皮肤碎屑和血液等，都是他的观察样品。

他把被观察物固定在透镜的一侧，一看就是几个小时，然后把观察到的现象都详细记录下来。为了看得更仔细，他常常把被观察物固定在透镜下，几个月不动，甚至永远固定在那里。为了观察新的东西，他只好另外再做一台新的显微镜。就这样，他一生一共制作了 419 架显微镜，在他的屋子里，摆满了大大小小的显微镜。

显微镜为列文虎克展现了一个从来没有人见过的奇妙世界。他发现了人的精子，看到了人的红血球，观察到了血液是怎样在蝌蚪尾巴里的毛细血管中流动，然而他最重要的发现是看到了微生物。

一次，列文虎克把一滴淤积在院子中的雨水放在显微镜下观察，他简直不敢相信自己的眼睛，在这滴清澈透明，看似什么也没有的雨水中竟然生活着许多小东西，它们灵活地游动着，会吞吃食物，并且还能繁殖。列文虎克断定它们是活生生的小生物，他管它们叫小动物，实际上这是微生物中的一类——原生动物。

列文虎克的显微镜每改进一步，就能看到更微小的东西，1683 年，他发现了细菌。

列文虎克找到一个牙齿很不好，从不刷牙的老头，从他的牙齿上取下一点白垢，加水稀释后放到显微镜下观察。他发现人的口腔中隐藏着许多的小动物，有的像小棍慢慢地移动，有的像鱼一样来回穿梭。他惊叹地记录道："在一个人口腔中生活着的小动物，比整个王国的居民还要多。"

列文虎克把他的发现一一记录下来，并画出图，寄给英国皇家学会，这是当时欧洲最高的科学权威机构。

他的发现使那些科学家惊叹不已。起初，许多人不相信这个看门人的发现。皇家学会派出物理学家胡克和植物学家格鲁，找来最好的显微镜，结果证实了列文虎克的发现。

1680 年，列文虎克当选为英国皇家学会会员。这个没有学历曾被人看不起的看门人以他的许多重大发现成了闻名世界的科学家。俄国彼得大帝到荷兰考察造船，前来向他表示敬意。英国女皇驾临这座小城，为的是从显微镜中看一眼连至高无上的皇帝也无法看到的小动物。

列文虎克一生一共向皇家学会寄送了 375 篇论文。

自然发生说与母体说

在中世纪以前，人们相信，许多低等生物是自然产生的。比如：肉腐烂了，就会长出蛆来；霉烂的麦子会生出老鼠。这就叫自然发生说。

第一个向自然发生说发出挑战的是意大利医生雷狄。他做了一个实验，把两块肉分别放到两个容器中，一个容器上盖有纱布，一个不盖。过了几天，没有盖纱布的那块肉上长出蛆来，盖纱布的那块肉虽然也腐烂了，臭气熏人，却没有生蛆。

雷狄认为，是苍蝇在肉上产的卵，变成了蛆。用显微镜观察，人们果然发现了苍蝇卵。自然发生说被击败了。

可是不久，微生物被发现了。自然发生说又复活了，许多人相信，至少这种看不见的微生物是自然产生的。

意大利博物学家斯帕兰扎尼不同意这种观点，他坚信，微生物像其他动物一样，也必有母体。

斯帕兰扎尼准备了两组瓶子，都盛有肉汤，一组开口，可以让空气进入；一组煮沸，把各种微生物都杀死后再密封起来。头一组瓶子中很快长满了细菌，而第二组瓶子存放很长时间，始终没有细菌。

斯帕兰扎尼还巧妙地把一个微生物赶到清水中，在显微镜底下，看到这个杆状细菌中间慢慢变细，分裂成两个细菌，若干分钟后，这

两个细菌又分裂成 *4* 个……这清楚地表明，微生物也有母体，微生物来自微生物。

但是，许多生物学家还是不服气。不管采用什么方法煮沸的汤，只要一接触凉爽空气，要不了多久，里边就会有许多微生物，也许微生物是借助空气中的化学物质生成的。

整整一个世纪，生物学家为此争论不休，直到 1862 年，这个问题才由现代微生物学的创始人路易斯·巴斯德解决了。

巴斯德制作了一个有横着放的 S 形长颈的瓶子，空气能通过 S 形瓶颈出入瓶子，可是尘埃颗粒却无法通过弯曲的长颈，都聚集在瓶颈弯曲部分的底部。巴斯德将瓶子中的肉汤煮得冒了气，这样瓶子和瓶颈中的微生物都被杀死了。几个月过去了，尽管新鲜空气能不断接触到瓶子中的肉汤，汤中也没有长出微生物。

自然发生说被彻底埋葬了。正像小鸟是由鸟下的蛋孵化而成，苍蝇是由苍蝇卵变成的，微生物也只能来自另一个同类的微生物。

揭开发酵的秘密

随着显微镜的进步，人们发现的微生物的种类越来越多了。可是，微生物究竟与人类有什么关系，这种几乎无处不在的小生命在人类生活中起着什么样的作用呢？第一个完整揭示微生物奥秘的就是刚才提到的巴斯德。

巴斯德 *1822* 年出生在法国东部的多尔镇，他的父亲是个制革匠。由于家境贫寒，他曾被迫停学和半工半读，*21* 岁时考入巴黎师范学校。受到著名化学家杜马的影响，巴斯德走上了化学研究的道路。这个有着火一般求知欲和狂热工作热情的年轻人，很快取就得出了惊人的成绩。他揭开了酒石酸有不同旋光性之谜，提出同样化学成分的物质之所以旋光性不同，是因为有不同的分子结构，这就是同分异构现象。

1854 年，小有名气的巴斯德出任里尔大学理科系主任。

　　酿酒业是里尔的重要工业。可是当地的酿酒厂却遇到了一个难题，他们酿造的酒不知什么原因常常变质发酸，只好一桶桶倒掉。不仅里尔，整个法国每年都有大批酒因变质发酸而蒙受巨大的损失。

　　年轻的化学家的到来，使这里的酿酒厂厂主似乎看到了救星，因为当时人们都认为酿酒是一个化学过程，他们请求巴斯德帮助他们解决酒发酵的问题。

　　巴斯德来到酿酒厂，仔细观察研究整个酿酒过程。他取了几滴酒放在显微镜下观察。酒里边有许多圆形、椭圆形的微生物，有的边上还长出小芽。原来是这些酵母菌使糖变成了酒精。

　　可是酒为什么会变酸呢？他将好酒和变质的酒分别放在显微镜下观察。在那些变酸了的酒中，小球状的微生物不见了，取代它们的是杆状微生物，正是这些产酸的菌使酒变酸了。

　　症结找到了。巴斯德向酿酒厂的厂主建议，当酒酿好以后，用文火缓缓加热，到约 60℃，杀死其中的细菌，然后把酒密封起来，这样酒就可以保存很长时间不变质了。这种用缓缓加热杀死微生物的防腐方法就叫巴氏消毒法，现在还广泛用以消毒牛奶、啤酒等。

　　大批的酒得救了，酒厂的老板对巴斯德感激不尽。

　　法国政府获悉巴斯德发明的这一方法后，特地派了一艘巡洋舰，装了 6 500 升用巴氏消毒法处理过的酒和 500 升未经处理的酒，从法国起航，远渡重洋，驶向非洲。当几个月后到达目的地时，人们惊异地发现，凡是用巴氏消毒法处理过的酒都醇香扑鼻，风味依旧，而那些没有处理过的酒都酸得不能喝了。从此巴氏消毒法不胫而走，传遍全世界。

　　接着，法国中部的人要求巴斯德挽救他们的制醋业。因他们酿造的醋，时间一久就失去了醋味。

　　于是，巴斯德又奔往图尔。他在漂在醋缸上的醋垢中发现许多短

棒状的菌，这就是醋酸杆菌。经过仔细研究，巴斯德搞清楚了，这些醋酸杆菌一开始使酒精变成醋，可是当全部酒精变成醋后，它们继续发酵，使醋又变成了二氧化碳和水，于是醋味就消失了。

巴斯德建议，在醋刚刚酿好后，加热杀死这些醋酸杆菌，醋就不会变质了。

是的，早在几千年前人们就在利用微生物的发酵产物酿酒制醋，但人们并不知道这是微生物的功劳，是巴斯德揭开了这个秘密。今天，人们在现代发酵罐中，利用微生物生产各种各样的生物制品，追根溯源，我们还应当感谢巴斯德呢，难怪有人把他称作生物工程之父。

微生物和疾病

巴斯德对人类的一个更伟大的贡献，是发现了微生物和疾病的关系。

在巴斯德那个时代之前，瘟疫经常夺去成千上万人的性命。

可是过去，人们不知道疾病的原因，就是在一些发达国家，医生能做的也不外乎是让病人多加休息，加强营养，呼吸新鲜空气。外科医生能给人挤出脓血，接好骨头，可是许多病人手术虽然成功了，却死于感染。

那么，巴斯德是怎样发现细菌致病的呢？

1865 年，一种奇怪的病威胁着法国南方的养蚕业，农民养的蚕不知为什么纷纷病了，蚕的身上长满了黑色的斑点，不吃桑叶，也不吐丝做茧，成批成批的死亡。

农民联名给政府写信，请求派专家来拯救濒临破产的养蚕业。巴斯德拯救了法国的酿酒业、制醋业，这次人们又把希望寄托于他。巴斯德的老师杜马也写信请巴斯德帮助他家乡的农民制止这场灾难。

巴斯德虽然从未接触过蚕，但他的信条是"帮助人类"。他带着显微镜来到南方蚕区，向农民学习养蚕的知识，仔细观察蚕的生长过程，千方百计寻找蚕得病的原因。

巴斯德把病蚕碾成粉加水，取出一滴放在显微镜下观察，他看到在病蚕的体内有一粒粒椭圆形的棕色的微生物，而健康蚕体内却没有这种微生物。巴斯德还发现，健康的蚕如果吃了被病蚕粪便污染了的桑叶，也会传染上这种病。事情很清楚，正是这种微生物侵入蚕体使蚕生病的。

酒可以加热杀死其中的微生物，怎样消灭藏在蚕的身体内让蚕得病的微生物呢？巴斯德教给农民一个办法，那就是等雌蛾产完卵后，把雌蛾碾成粉，放在显微镜下观察，如果有细菌，就把雌蛾连同卵子一起烧掉，如果没有细菌，就把卵保存下来做种。

巴斯德奋斗了6年，终于制服了蚕病。

细菌能使蚕得病，那么人类的传染病又是怎样引起的呢？为什么人类得传染病时也是一批批地发病，得同一种病的人症状都差不多呢？巴斯德反复思考着这些问题，他提出人类的传染病也是这种肉眼看不见的微生物在作祟，细菌从有病组织转移到健康组织，健康组织也就会得病。

巴斯德公布了他的细菌致病理论。

其实，早在巴斯德之前，有一个维也纳医生泽梅尔魏斯也在寻找致病的原因，并向细菌发起了攻击，只不过他并不知道他进攻的就是细菌。

泽梅尔魏斯在一个妇产科医院当医生。当时医院中有许多产妇死于产褥热。奇怪的是，那些在家里生孩子，由不懂医术的助产婆帮助接生的产妇反倒很少得产褥热。

一次，医院里有一位医生，在解剖尸体时不小心割破了手指，结果得了很像产褥热的病症而死去。泽梅尔魏斯怀疑，是不是医生在解剖尸体时，把尸毒带了出来，传染给了产妇。

于是，他要求医生、护士进产房前必须用漂白粉水洗手。一年之

内，他所在的产科病房产妇患产褥热的死亡率大大降低。

但是，泽梅尔魏斯的做法却激怒了他的同事们，他们认为让他们洗手是对他们莫大的侮辱。他们借口泽梅尔魏斯是匈牙利人把他赶出了这家奥地利的医院。后来，泽梅尔魏斯在一次手术中，手意外被割伤，不幸得了败血症而死亡。

巴斯德的细菌致病理论为泽梅尔魏斯开创的灭菌防腐法提供了科学依据，扫清了障碍。英国医生李斯特在巴斯德理论的启发下，首先用石碳酸给一位骨折病人的伤口消毒，过去像这样严重的伤口几乎都会化脓感染，这次病人却顺利地痊愈了。

在这次成功之后，李斯特要求医生用石碳酸喷洒手术室、洗手和浸泡工具，手术的感染率大大降低了，许多病人被救活了。李斯特专门写了一封信给巴斯德，诚挚地感谢他指出了细菌腐败的真正原因，从而自己才找出了防腐的方法。

巴斯德本人也积极倡导消毒无菌法。1870 年普法战争爆发，巴斯德是一位热忱的爱国者，他主动到医院工作，命令医生用开水蒸煮所有的工具、纱布绷带，大大减少了战地感染，拯救了许多受伤士兵的性命。

缉拿杀人凶手

巴斯德指出了细菌是使人致命的凶手，但第一个拿到确切证据，证明一种病是由一种细菌引进，并捉拿到这个杀人凶手的是德国医生、现代细菌学的奠基人之一罗伯特·科赫。

科赫是一位矿工的儿子。他在哥廷根大学读书时，受到他的老师亨勒的影响，对微生物产生了兴趣。大学毕业后，科赫在边远的沃尔斯顿当了一名乡村医生。

巴斯德细菌致病理论的提出，李斯特的消毒灭菌法都进一步激发

了他要探索细菌是怎样致病这个奥秘的决心。尽管行医非常繁忙辛苦，但他抓住一切可以利用的时间，在十分简陋的条件下，开展研究。深深理解他的妻子，在他 30 岁生日时，送给他一件珍贵的礼物——一台崭新的精密显微镜，从此这台显微镜就伴随着科赫，有了一个又一个重大的发现。

科赫在世界上首次以确凿的事实证明了炭疽菌是引起炭疽病的罪魁祸首。

当时，在欧洲的许多地区，牛羊中流行着一种可怕的炭疽病，前一天还活蹦乱跳的牛羊，第二天就直挺挺地倒下了，它们的血会变成黑色。有时牛羊的主人也会传染上这种病，身上长出大疖子，严重的会在一阵阵咳嗽声中死去。

科赫从农民那里和屠宰厂找来许多患病的和健康的牛羊的血液，放在显微镜底下观察，他发现，患病的牛羊血液中有许多小棍状和线状的微生物，而健康牛羊则没有。

早在科赫之前，有好几位科学家，包括巴斯德都已经发现患炭疽病的牛羊体内有这种杆状和线状的细菌了，但怎样证明就是它们引起炭疽病的呢？

科赫找来一些小白鼠，把它们尾巴根部切开一个小口，然后用消毒过的木片蘸上一滴病死的牲畜的血液刮进切口。第二天，小鼠就可怜地死去了，它们的脾变得又黑又大。取一滴小鼠的血液在显微镜下观察，又看到那种可怕的杆状和线状细菌了。

但是科赫还不肯轻易下结论，他是一个极其严谨的科学家，"要证明这些细菌是炭疽病的病源，除非能把这种细菌分离出来，看到它们生长、繁殖、引起疾病"他想。

为了防止其他杂菌混入，科赫巧妙地设计了两片贴得很紧、中间

有凹槽的玻璃片，里边放了一滴牛眼分泌液做营养物质，取了一点刚死去的小鼠的脾放在液滴中。他把这个装置放在显微镜下观察，这些杆状细菌分裂成两半，成百万倍地繁殖着。

科赫从这个标本中取出一点点液体移到另一滴牛眼分泌液中继续培养，这样反复了 8 次，直到液滴中没有一点小鼠组织，完全是纯的炭疽菌为止。

科赫把这种体外培养的炭疽菌注射到羊、豚鼠、兔子等身上，结果它们都患炭疽病死去。

现在，科赫可以做结论了，正是炭疽菌引起了炭疽病。他激动地写信把他的发现报告给著名的植物学家柯恩。

1876 年 4 月 30 日，应柯恩邀请，这位乡村医生坐火车专程到布雷斯劳，在植物学会上连续 3 天演示了他的实验。他的实验是那样完美无缺，轰动了整个科学界。

要证明一种细菌引起一种病，必须获得单一的这种细菌。从巴斯德开始，人们就是用肉汤来培养细菌，各种各样的菌混在一起，要把它们分开非常困难。怎样才能方便地获得纯种细菌呢？科赫日夜思索着这个问题。

一天早上，科赫来到厨房，无意中发现一个煮熟的土豆，上边长出了一些红色和白色的斑点，作为细菌学家的科赫马上想到，这是细菌落在上边了，可是为什么这些斑点的颜色不一样呢？他用一根针挑了一点斑点上的物质放在显微镜下观察，发现原来一种颜色的斑点上全是一种细菌，另一种颜色的斑点上又全是另一种细菌，也就是说在固体上，细菌不能自由移动了，这一发现使科赫惊喜万分。

不过土豆的营养太少了，好多细菌不能在上边生长繁殖。经过反复实验，科赫终于发明了用肉汤加洋菜做成的半固体胶状的培养基，用针尖把一个细菌挑在这种培养基上，很快就会繁殖出一个纯的菌落。

科赫还首先采用染色法给细菌染色，以观察细菌的形态。他还为显微镜下的细菌拍照，致病的细菌一个个被分离出来，在显微镜下显出原形。

*1882*年，科赫发现了结核杆菌，揭开了这个曾夺去千百万人性命，在过去被人们视为不治之症的奥秘。

*1883*年—*1884*年，科赫冒着生命危险到埃及和印度疫区考察霍乱，发现了霍乱弧菌，并向人们提出了控制这种疾病的建议。

科赫还不畏艰险，到南非帮助消灭口蹄疫，到印度考察鼠疫，到马来群岛、新几内亚考察预防疟疾，到东非研究扁虱引起的回归热、采采蝇引起的昏睡病等，他的一生都在不倦地与危害人类的疾病做斗争。

*1905*年，科赫因在病原学研究中为人类做出的伟大贡献获得了诺贝尔生理学和医学奖。这位科学家却谦虚地说："如果我的成绩真的比一般情况略大的话，那是因为我在医学领域漫游时，路过了一些地区，这些地区金子都放在路边。显然将金子与普通金属分开是必要的，但那也不是什么伟大的成就。"

在科赫之后，更多的细菌被人们一一发现了，*1884*年发现白喉杆菌，*1886*年发现肺炎球菌，*1887*年发现脑膜炎球菌，*1894*年发现鼠疫菌……

人们不仅发现了一个个引起传染病的细菌，而且还发明了一个比一个更有效的杀灭这些细菌的办法。*1909*年，德国医生艾立希发明了可以杀死螺旋体的药物606。*1935*年，德国化学家杜马克发明了杀伤力更强的百浪多息，这也就是世界上第一个被发现的磺胺药物。不久，磺胺又被新的效力更大的广谱杀菌药青霉素所代替。艾立希、杜马克还有发现青霉素的弗莱明及弗洛里、钱恩都获得了诺贝尔奖。

比细菌还小的病毒

有了磺胺、青霉素等，许多劣性传染病被控制住了。但是，人们

也发现，这些药物在某些传染病前却不那么有效，这是为什么呢？

巴斯德、科赫都指出，一种传染病是由一种细菌引起的，可是有的传染病，人们用显微镜怎么也找不出它们的病原菌来，难道是这些病原体小到连显微镜也看不到吗？

巴斯德在研究狂犬病时就对此产生怀疑了，他能够把狂犬病从一个动物体转移到另一个动物体，而且制出了能预防狂犬病的疫苗，可却始终没有发现这种微生物。巴斯德当时就猜想，可能是这种病菌太小了，小到没法看见。

巴斯德猜对了。引起狂犬病的是比细菌还要小得多的病毒。在世界上第一个发现病毒的，是俄国植物学家、病毒学的创始人之一伊凡诺夫斯基。他不是在研究人类疾病，而是在研究植物的疾病时发现病毒的。

1892 年，在俄国成片成片的烟草田间，一种奇怪的病在蔓延着。得病的烟叶上出现白色的疮斑，它们越来越多，最后整个烟草枯萎腐烂，这就是烟草花叶病。

年轻的植物学家伊凡诺夫斯基来到农田，决心查清烟草花叶病的病因。

他把患病的烟叶捣碎，把汁液滴到健康的烟叶上，结果健康的烟叶也被传染上了这种病，显然，引起这种病的病原体就在烟叶里。他把烟叶汁放在显微镜下观察，希望找到引起疾病的细菌，却什么也没找到。

为了逮住这些细菌，伊凡诺夫斯基又想了一个办法，他用一个非常精细的陶瓷过滤器来过滤烟草汁液，这个陶瓷过滤器的滤孔小到连显微镜也看不见，比细菌还小，如果有细菌的话，细菌将被留在过滤器上，滤液应当不会再使烟草害病了。

奇怪的是，当他把这些滤液涂在健康的烟叶上，不久，健康的烟

叶又害病了。

"会不会是某种毒素呢？毒素溶解在烟草汁中，是可以通过过滤器的"伊凡诺夫斯基想。为了证实这一想法，他把这棵被滤液染上花叶病的烟草捣成浆，让浆液通过过滤器，然后把滤液滴在一棵没患病的烟叶上，结果与前次一样，这棵烟草也害病了，用同样的方法，他把第二株烟草的病传染给第三株，第三株的病传给第四株……

如果是毒素引起的疾病，那么把毒素从一株接种到另一株，应该是作用越来越小，可是现在每一株的情况都与原来一样，伊凡诺夫斯基断定："这决不是没有生命的毒素引起的，而是一种比细菌还要小，可以通过过滤器的微生物。"

1897 年，荷兰科学家贝查克林重复了伊凡诺夫斯基的实验，他把这种可以通过过滤器的微生物叫滤过性病毒，现在，我们通常都称之为病毒。

人们发现，许多疾病，包括麻疹、腮腺炎、水痘、流感、天花、狂犬病等都是由病毒引起的。到 1931 年，人们发现由病毒造成的病已不下 40 种，可是病毒究竟是什么样的，还是没有人看到过。

1935 年，美国生物化学家斯坦利从患烟草花叶病的烟叶汁中分离提纯到了烟草花叶病的结晶，把这种结晶溶在水中，它的感染性完全和以前一样。人们第一次得到了纯病毒。

而真正看到病毒的真面目，是在 1940 年，人们发现了能把物体放大几万到几十万倍的电子显微镜之后。

原来病毒是那样小，呈细棒状的烟草花叶病毒长只有 0.28 微米，粗细只有 0.015 微米，脊髓灰质炎、黄热病、口蹄疫病毒，直径为 0.025 微米～0.02 微米，一个普通细菌中可以容纳下 4 万个这样小的病毒。

正因为病毒这样小，所以整个身体连一个完整细胞也构不成，它

们的结构非常简单，多数只有一个核酸的芯子，外边包着一层蛋白质外壳。它们的体内几乎没有自己的代谢机器，必须寄生在别的活细胞中，靠那个细胞供应原料，才能进行自我复制。这也就是许多对细菌有效的药物，对病毒却没有效的原因，因为很难找到一种药物，既能杀死病毒，又不伤害寄生细胞。

人们发现的病毒已有 400 多种，凡是有生物的地方，几乎就有病毒，它们可以传染动物、植物，还可以传染细菌。传染细菌的病毒就叫噬菌体。

病毒还不是最小的微生物。1971 年，人们又发现了类病毒，类病毒还不到已知的最小的病毒的 1/80，它的结构更简单，连蛋白质外壳都没有，只由核酸组成。

通过 300 多年许许多多科学家的奋斗，人们终于揭开了这个肉眼看不见的微生物王国的秘密。人们不仅发明了各种药物、疫苗，征服了由微生物制造的形形色色的传染病，而且还让它们为人类服务。除了利用自然界存在的微生物工作外，人们还用遗传工程的方法，制造出符合人类要求的人造微生物，让它们为人类生产宝贵的药品、食物、金属等。微生物正在人类生活中发挥着越来越大的作用。